家長必修的
親子教養學分！

跟負面情緒說掰掰！

給刺蝟小皇帝的情緒管理課！

啟發高EQ、思考力、獨立性的
三合一登大人教養法！

素質教養權威 王擎天 / 著

培養孩子擁有從容幽默的高EQ、
善解人意的思考力和自動自發的獨立性！

不再以生氣
解決問題
×
不畏懼挫折
再接再厲
×
不必用哭哭
達到目的
×
不要靠爸媽
自己獨立

推薦序

脫掉孩子的小皇帝龍袍

在親子團體治療中，常聽到家長抱怨「孩子不懂體貼感恩」、「孩子任性驕縱」、「都已經上國小了，竟然還不會洗碗」等諸如此類的情形。其實，這些都不是個案，而是現今「精緻教養化」的結果！

由於少子化的影響，每位孩子都是家長的掌中寶，再加上以前的父母為了家計，所以孩子必須分擔家事，物質欲望也將有所限制，故當自己有了孩子後，其「補償心態」便會對應到孩子身上。因此，當孩子有所要求時，家長會

推薦序
市立聯合醫院仁愛院區兒童青少年精神科醫師 王怡仁

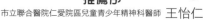

予以滿足；當孩子不會穿衣時，家長便立刻幫忙；當孩子努力衝刺課業時，家長會包辦家事讓他們專心學習；當孩子遭遇困難時，會因擔心孩子心靈受傷，而替他處理與解決。所以，父母的種種包辦，等於正在使孩子的能力逐漸萎縮，並且將其個性養成頤指氣使的小皇帝。

還記得有一次聽廣播時，主持人談到現今的教養問題，認為生活富裕的情況下，帶來的卻是孩子的依賴與驕縱。主持人說有一次他路過天母附近的小學，當時正值放學時間，學生一窩蜂地從學校衝出來，他看到有一個小男孩朝一名外傭走去，結果外傭馬上幫他提書包、拿袋子，並遞給他飲料，只見小男孩理所當然地接過飲料大口喝了起來，沒有任何一句道謝的話；甚至，還看到小男孩回頭對她說：「快一點，我補習要遲到了！」而這名外傭大包小包地在後頭跟著，動作盡是狼狽不堪。

聽到這兒，很是為台灣小孩擔憂。我擔憂他們沒有生活自理能力，將來該如何獨立；擔憂他們沒有同理心，將來該如何處理人際；擔憂他們活在父母的保護傘下，該如何獨自面對傘外的世界……而這也是許多父母的共同心聲。我常勸家長們放下極盡呵護的心，讓孩子自己面對問題，雖是一時的殘忍，但卻

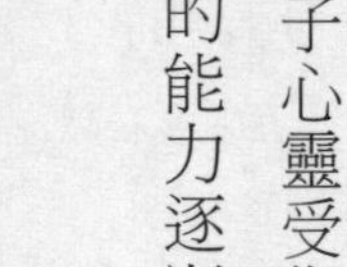

是助長孩子羽翼漸豐的養劑。

如今，王擎天博士有感於現今小孩因父母過度寵溺、捨不得他們受到一點挫折，以致於孩子無法自立，故針對父母的教育誤區而點出孩子變成「小皇帝」的原因。而王博士也認為教養模式就如同時勢般會出現某種循環，也就是現在的孩子受挫力較低，而未來的父母將會對此進行訓練。因此，王博士率先提供家長杜絕孩子變成小皇帝的方法與遠見的教養觀，以培養孩子獨立自主的態度、打理日常生活的能力，樹立通情達理的正向品格！在此力薦本書給天下父母，期望王博士能帶給您全新的教養視野，協助孩子展開雙翼、飛向無限雲端！

市立聯合醫院仁愛院區兒童青少年精神科醫師

王怡仁

推薦序

不平凡的父親，不平凡的視野

還記得今年初，特別邀請王擎天博士至電台分享暢銷著作《用對方法，開啟天賦》中教養兒女的經驗，在與他談話的過程裡，我能深刻感受他充分給予孩子自由揮灑興趣與發展潛在能力的塗鴉空間。而在王博士的教養空間中，確實充滿著無限可能，他放手讓孩子做自己喜歡的事，支持孩子所選擇的決定，這就是王博士的教育理念。

在進行電台訪問前，與王博士閒聊了一下，我好奇問他：「你在書中寫到

兒子的成績明明可上建中，但為什麼答應他念師大附中呢？一般父母聽到，肯定氣得跳腳吧！」只見王博士微微笑地說：「的確，我的親朋好友聽到後，個個要我勸兒子趕緊打消這個念頭，但我認為沒必要。因為書念得好不好，跟在哪間學校就讀無關，端看你的心態而定，他選擇師大附中是因為學校的社團風氣較為活躍、興盛，符合他喜歡參與課外活動的個性。並且，他也跟我保證參加社團活動之餘，不會荒廢學業。所以，我相信兒子對我的承諾，也全力支持他的決定。」

的確，給予孩子自由發展的空間，放手讓他們做自己喜歡的事，是現在的教育主軸。但是，又有多少父母能做到像王博士這樣相信孩子、支持孩子的所有選擇呢？

這次王博士的最新力作，提出父母們最為頭大的問題——孩子為什麼會變成「小皇帝」、「草莓族」，為什麼遇到問題就退縮，遇到挫折便難以站起，甚至出現驕縱任性、半途而廢的情形。原因在於，父母不知道教養孩子時的收放時機！或許，爸媽都知道要放手讓孩子獨立，但他們在放手的同時卻又會因孩子出錯而又一手承攬，如此一來，又該如何讓孩子學習獨立、解決問題呢？

最終，孩子將會依附在父母的保護下成長而無法離開他們，也將難以找到屬於自己的人生目標。

因此，在王博士這本書中，我看到他不凡的教養觀點。在書中，他明確點出父母將孩子教育成小皇帝的迷思與誤區，並提供父母拿捏收放界線的技巧。甚至，王博士還特別針對孩子成長中的情況與問題，提出父母必須培養孩子的能力、品格，提供一定要對孩子說的正向語句，培養孩子自立、遇挫再戰的堅毅態度。

在此，盛情邀約天下父母一同與王博士帶領孩子遨遊天際、爆發他們的無限潛能，祝福所有父母都能在書中找到屬於自己孩子的教養方法！

教育廣播電台「今天不看書」主持人 張邵聆

掌握放手與堅持的界線

在親子教養過程中，盛傳兩句話——「棒下出孝子」、「溺愛出敗子」！前者是過去嚴厲管教孩子的傳統教育，其孩子性格多為拘謹、無主見、聽令行事型；而後者則是扭轉前者教養模式的極端表現，孩子性格雖富有創意，但自私任性、不具同理心，甚至出現自我膨脹的心態缺失，也因此能解釋為何近幾年「小皇帝」、「草莓族」、「水蜜桃族」的產生了！

其實，我經常思索「棒下出孝子」、「溺愛出敗子」在親子相處過程中的

作者序
素質教養專家 王擎天

意義，我發現所謂的「孝子」並非是父母打罵才教育出來的，而是孩子在受罰的過程中，父母背後所隱藏的教誨。

至於「溺愛出敗子」則是源自於父母的寵愛，雖說這類型的父母看似疼愛孩子，但其內心的真實想法，是因為不信任他們再加上自己欠缺等待孩子獨立成長的耐心！

試想，當父母急著出門而孩子鞋帶又綁不好時，有多少位父母會寧願遲到並相信孩子能自己綁好呢？又假使當孩子做錯事時，有多少位父母能耐住性子說教、一一點出孩子盲點，並相信他們能從錯誤中學習道理、改正缺失呢？

事實上，教育孩子就如同放風箏，當把線握得越緊，風箏就只能停留在一定高度而無法向上飛翔；相反地，當你一點一點地放線，風箏將隨風越飛越高，直達天際，因此對應到教育孩子的方式，又何嘗不是如此呢？

而我也正秉持著「風箏教育」的觀念來教育女兒王蕊、兒子王浩，其實在教育過程裡，也發現到當線收得太緊時，孩子會出現反抗、消極的情緒；但放得太多，孩子又會過度放縱而出現不良行為。因此，唯有依孩子的特性拿捏收放分際，他們才有可能開展潛在能力，樹立良好品格！

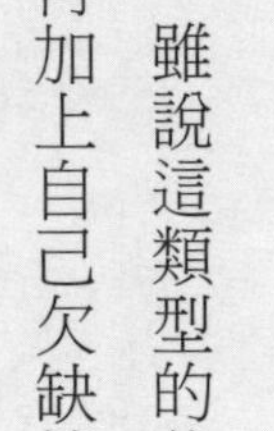

當然，我的兩個寶貝孩子也都具有各自特質，女兒王蕊聰明伶俐且個性體貼，再加上排行老大，所以很會照顧人；兒子王浩則生性喜好自由，且靈活創意多，所以不喜歡受到拘束。雖然說都是一家人，但相處方式卻是「兩樣情」！

其實，王蕊因思想較為成熟且凡事都會先替他人著想，所以對她的教育方式，我是採取開放制的，當然王蕊也很懂事，她從不會讓我為她擔心，自己的事情不僅都打理好，甚至還會幫忙家人分擔辛勞。

而王浩就不同了，由於他不喜歡受到拘束，且個性古靈精怪，所以點子和想法特別多，當然我對他也是採取開放式的教育，但是又多了點「限制」與「提醒」。

其實，對孩子的未來發展，我並不看重學業成績，最希望的是孩子能快樂成長，並培養出良善品格，包括能站在對方的立場上思考、具有獨立自主的意識、不自私任性且懂得分享，我相信唯有心理上的健康，孩子才能真正立足於社會。

除了分享教育兒女的經驗外，在擎天數學補習班任教多年，也看過各式各

樣的學生，在此分享一個被父母溺愛過度的學生案例，以供父母做為借鑑：

有一天，我在教室裡準備待會兒要上課的講義，剛從學校下課後的學生們為節省時間便在路邊買便當進來吃飯。一位家境不錯的學生看著隔壁同學吃著炒飯，便帶著嘲諷的語氣說：「你的炒飯看起來好難吃哦！你看我的便當還有雞腿耶！你們家沒錢給你買便當嗎？」之後，還上下打量這位學生的衣著、鉛筆盒，讓人感到非常不舒服！

補習班下課後，外頭突然下起傾盆大雨，這名學生打電話叫媽媽出來接他，語氣不耐地說：「媽！外面下雨了啦！妳快出來接我！不然我不能回家了！」約莫過了二十分鐘，便看到他的媽媽帶著雨傘前來，又因擔心孩子淋雨著涼，還從袋子中拿出外套給他。

看在眼裡，著實心疼這位母親，因為這個學生身上有錢，他只要去便利商店買把傘就可以回家，但卻特地打電話要求媽媽接送，而媽媽這番「過度的保護與放縱」，也造就孩子缺乏將心比心的同理之情，甚至沒有獨立行事的能力，儘管這名學生的成績再好，但面對未來的挫折困境與人際關係時，相信他的處世成績將是不及格！

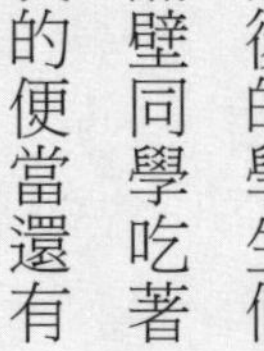

因此，從這則案例中，讓我更加深思在教育孩子的過程裡，愛與管教的分際、收與放的拿捏，是關乎孩子未來發展的教養重點！

事實上，愛孩子，並非一味放縱，而是適時指正錯誤、有效管教；愛孩子，並非凡事包辦，而是適度放手，讓孩子獨立處事；愛孩子，並非一味寵溺，而是教孩子勇於承擔責任。讓孩子脫下小皇帝的龍袍，放下唯我獨尊的姿態，才能以積極正向的心態為自己開拓一道光明之路，願天下父母共勉之！

素質教養專家

王擎天

CONTENTS

目錄

第2章

過度受寵的小皇帝難自立

——挫折，孩子成長的催化劑

第3章

讓小皇帝做人生道路上的強者

——生活，孩子培養能力的人生課題

第4章 家庭教育啟蒙小皇帝理性與自立

——家庭，孩子良好品格的根基

第5章 杜絕小皇帝的10句正向語

——肯定，孩子心靈成長的養分

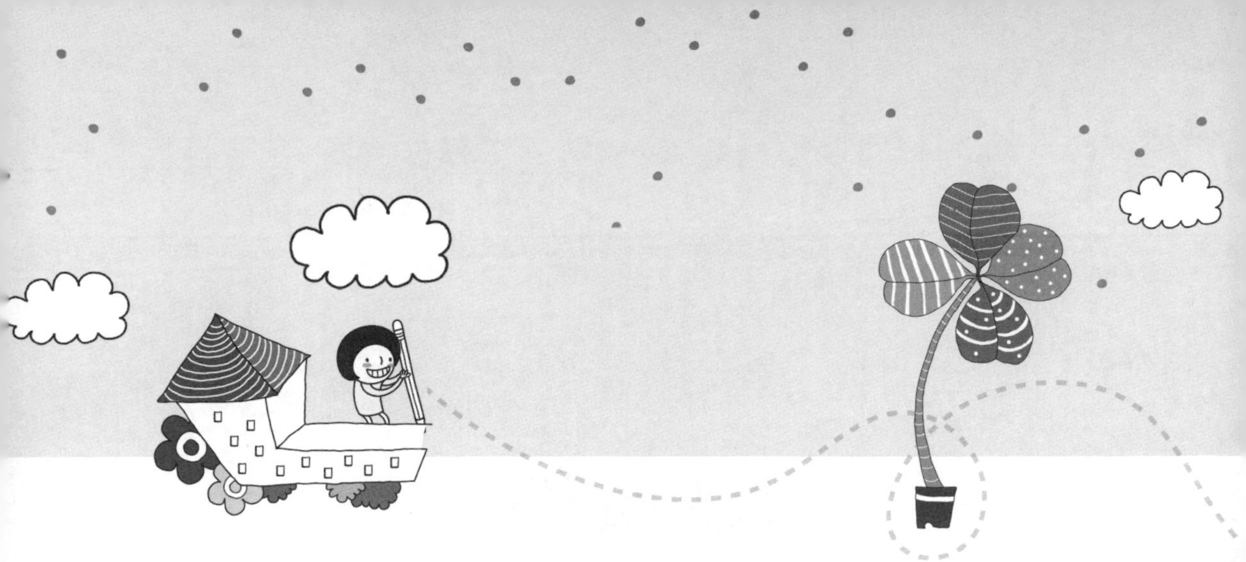

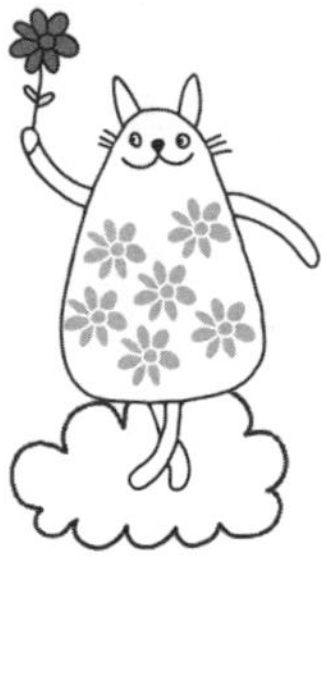

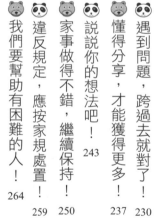

擎天小語錄

- 「過度介入孩子，是權力的剝奪；過早放任鬆手，是權力的濫行！」
- 「孩子的成長過程中，探索與困難是他們走向獨立的養分！」
- 「歷經風雨摧折的幼苗，才有茁壯自立的一天！」
- 「父母不應越當越疲憊，唯有放手才是親子幸福的泉源！」
- 「一廂情願的寵溺，等於永無止境的依賴！」

第1章

父母教出小皇帝的10大誤區

~撐起保護傘，孩子無法自立

包辦生活，孩子難自理

教養關鍵Q&A

Q. 孩子的自理能力不佳，想請他幫忙分擔家務卻推說「不會」，究竟該怎麼辦呢？

Ans. **教導孩子自己的事情自己解決，並不插手協助！**

教育「溫室效應」

現今社會之所以會出現「小皇帝」、「草莓族」、「水蜜桃族」，是由於孩子受到父母的過度溺愛，以致於成了教育的「溫室效應」。因此，孩子的任性固執、好逸惡勞、獨立性差，都是因習慣父母包辦一切瑣事，導致最基本的生活能力較為薄弱。根據我多年的經驗觀察，許多父母大多有下列幫孩子處理生活事宜的通病，讀者可就此檢視：

1.早上快遲到了，但孩子依舊慢慢地吃早餐、拿書包，絲毫無時間概念，因為受不了孩子拖拖拉拉的行為，還會幫他穿衣、穿鞋，以免自己與孩子遲到。

2.孩子吃飯動作慢，總會忍不住餵他。

3.當孩子要求幫忙掃地時，會因擔心他掃不乾淨而自己處理，並認為等他長大一點後再讓他嘗試。

4.父母身體不舒服，原本想讓孩子自己去買食物吃，但擔心孩子亂吃導致營養不足，所以還是起身幫孩子做飯。

5.孩子的書包因裝了學校用書，還有補習班的課本，顯得相當沉重，當看到孩子背書包的吃力模樣，再加上他們正處發育期，所以會幫他們拿。

6.孩子玩完玩具，散亂一地後便跑去吃點心了，因覺得讓孩子收拾很麻煩，又擔心收得亂七八糟，於是便動手幫忙整理。

7.因為覺得孩子根本不會操作洗衣機，所以儘管工作忙碌還是會自己洗衣服，並要求孩子早早上床休息。

8.煮菜煮到一半，發現醬油沒了，本來想請孩子幫忙買，但又怕他買錯，所以還是自己去買。

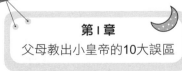

其實，諸如此類的情況在生活中隨處可見，父母為孩子撐起保護傘，原是為了他們的健康發展著想，然而過度保護卻阻擋了他們自我成長的機會。

4—2—1倒金字塔家庭

觀察現今的家庭模式，學者進一步提出了「4—2—1倒金字塔家庭型態」，「4」意指爺爺、奶奶、外公、外婆；「2」為爸爸、媽媽；「1」則是指獨生子。而位在倒金字塔頂端的小孩，因集萬千寵愛於一身，再加諸爺爺、奶奶、外公、外婆對孫兒的溺愛，因此類似卡通「櫻桃小丸子」找爺爺要東西的情景便時常上演。長久下來，容易使孩子因缺乏管教與獨立行事的訓練，出現自私、任性、懶惰、軟弱等不良性格。

不久前，我曾在電視上看到一所公立大學資優生的自殺新聞，這件事不僅震驚所有為人父母者，甚至還引起社會大眾的關注，並開始正視現今孩子對於挫折耐受力普遍較低的情況。後來，經過專家分析這名資優生自殺的背後原因，發現他學業成績雖然好，但生活能力較差，因其父母希望孩子能專心學業，所以會幫他打理所

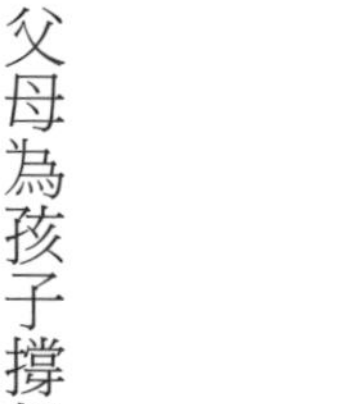

有事務，使得孩子連最基本的煮麵、洗衣服都不會，導致當他開始獨立並進入團體生活時無法適應，在幾次休學、復學後還是無法克服這些障礙，最終便走上絕路！

其實，父母放手的尺度是孩子未來成就的關鍵。這就如同放風箏的道理，假使將風箏線握得很緊而不適度鬆手，風箏將永遠停留在相同高度；但若是一點一點地放線，風箏將能越飛越高，直達天際。同樣對應到家庭教育，父母必須讓孩子自己嘗試才有可能學習自理，否則往後在面對、解決困難時，將因缺乏自信和獨立性而影響表現，故父母必須從小培養孩子「自己的事情自己做」的觀念。

著名教育家陳鶴琴也曾說：「凡是孩子自己能做的事，讓他自己去做。」這不僅能培養孩子的獨立性與自理能力，同時也能促進孩子責任感的形成，使其對自己的生活與行為負責。

我的一位朋友曾說他一歲的兒子，有一次嘗試自己穿褲子，結果光把腳塞進褲管裡的動作，就試了半個多小時，但始終都穿不好，孩子也因此沮喪大哭。然而，針對這種情況，我建議他買一條易穿易脫的寬鬆褲子，使其在穿脫褲子的過程中獲得自信，進而培養獨立意識的發展。

另外，有次補習班下課後，我與一位媽媽聊起教育孩子的心得，她說：「我們

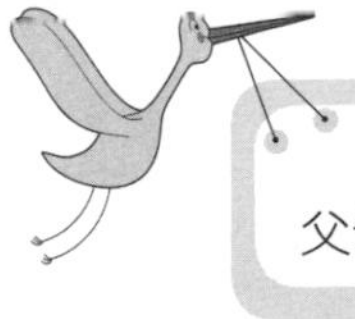

家雖然是祖孫三代的大家庭，但孩子的爺爺、奶奶非常重視獨立性的培養。只要是孩子能力範圍可以完成的事情，他們都讓他自己做，其他人則只在必要的時候給予指導。當時三歲的兒子突然有一天高興地說：『我自己會穿衣服了，你們不用幫我了。』聽到孩子這番話，我相當感動，儘管穿得歪七扭八，但他是憑自己的力量穿上衣服。當然我也乘機誇獎了他一番，而他也高興得蹦蹦跳跳的。」

其實不難看出這位母親的教育觀念，就是培養有出息的孩子，而「自理能力」就是孩子的首要課題。並且，我也一直深信孩子的潛力擁有無限可能，當他今天受到一點挫折而以自己的力量解決時，明天的他就會比今天再更成長，並在每一次的「累積」成長中，發展自信！

教養小貼示

孩子總要離開父母的懷抱，走進競爭的社會，當父母放手的時機越早，孩子邁向成熟的里程碑就會越快，並且儘早讓孩子自立，其責任感也會增強。故父母教導孩子生活能力時，需注意以下幾點：

✔避免扼殺孩子自理能力的萌芽

其實，每位孩子都有自己動手的欲望，而不同的年齡階段會有不同的表現，例如1歲多的小小孩喜歡甩開大人的手自己走路、自己用手抓飯來吃、自己穿鞋子……等，這都代表他們的探索因子正在蠢蠢欲動，即便這時候的孩子做得並不好，但因著他們對世界的好奇心，故透過自己的雙手來觸摸、探索。因此，當孩子出現類似想自己動手做的行為時，父母應予以肯定及用笑臉來鼓勵孩子繼續努力。

✔要求孩子自己完成事情

當孩子兩歲時，實際上已可開始嘗試做一些事情，並且越小培養孩子的自理能力，他們學習與進步得就越快，例如自己喝水、自己走路、自己吃飯等。此外，父母亦可透過有趣的遊戲方式教導孩子技能，如幫熊寶寶繫蝴蝶結、替娃娃穿衣服等，甚至也可與孩子進行家事比賽，但在競賽時必須放慢速度，以增加孩子的信心，當確保孩子掌握了家事技能後，再慢慢提高標準，並儘可能讓他們接觸家務。

✔父母應有足夠耐心

大多數父母或許都遇過類似情形，孩子的衣服總是穿不好，於是焦急的父母便衝到他面前，一邊數落孩子一邊幫他把衣服穿上。其實，孩子動作慢，是因為世界上的任何事對他們來說都是全新的，儘管我們認為很簡單就能完成的任務，對他們來說卻是要花費許多時間與精力才能完成。其實換個角度想，當我們接觸新科技時，也是必須透過一步步地摸索才能上手，以此心理來對待孩子，又怎能要求什麼都不會的他立刻熟練呢？

雖然每個人都知道要有耐心，但究竟該如何教導才是正確的呢？以孩子早上上課為例，許多父母都是匆匆忙忙地準備孩子的早餐、便當，但孩子卻是在房間慢慢磨蹭、穿衣服，絲毫沒有時間觀念，儘管父母催促大喊「快一點」，但依舊是「爸媽後頭趕，孩子慢慢來」的結局。因此，專家建議，只要將出門的時間提前即可。例如預計七點出門，從六點十分或六點鐘就應該開始準備。如此一來，孩子便有足夠的時間穿衣穿鞋。當孩子完成後，父母可給予口頭上的獎勵，甚至是親密的肢體碰觸，而孩子也將從父母的表情、動作來感知你的鼓勵，進而提升獨立行事的動機。

要求聽話，導致孩子依賴性強

教養關鍵Q&A

Q. 孩子做任何事總是毫無主見，甚至只會聽命行事，究竟要如何改善呢？

Ans. 包容孩子的所有意見，並鼓勵他勇於表達的態度、尊重他們的想法。

放開臂彎讓孩子成長

為人父母都希望自己的孩子能聽話，但在其臂彎中生長的孩子卻會讓他們更無主見、難以自立。誠然，聽話的孩子能讓父母安心不少，但也會因此減少遇挫的機會。例如當孩子玩迷宮遊戲時，父母在旁指示孩子路線，此時又該如何訓練孩子的問題解決力呢？根據研究指出，聽話的孩子不笨且理解力強，並善解人意，但現今是強調創意的年代，如果習慣「聽命行事」而毫無主見，孩子容易在獨立面對社會時迷失自己，因為他找不到權威的發話人，故會不知所措。

我就曾在一次親職講座裡，聽過講師分享兩名孩子的案例：

一位媽媽問教育專家：「究竟該如何讓我的孩子有主見呢？我的孩子從小就很聽話，但剛就讀國小的他卻有一個問題，那就是每當老師要求小朋友說出自己的想法時，他聽話的優點就變成了缺點，因為他總是提不出建議並缺乏應變能力，甚至老師還說他做事不夠主動積極。聽完老師對孩子的評價，我覺得很難過，對這樣『聽話』的孩子，我真的不知道該用什麼方式讓他更積極主動……」

另一個案例則是在春光明媚、陽光普照的公園裡，許多小孩正快樂地遊玩、盪鞦韆，其中一名小男孩因絆到石頭而突然跌倒，但他卻沒有哭泣，反而拍拍屁股站起來，繼續玩追逐遊戲。後來，有一名小女孩在玩樂的過程中跌倒了，她開始哭泣，這名小男孩便立刻跑過去，當大家以為他會伸手把摔倒的小女孩拉起時，沒想到這名小男孩卻在哭泣的小女孩身邊故意摔一跤，並一邊看著小女孩一邊咯咯地笑。而淚流滿面的小女孩看到小男孩的行為，也覺得很好玩，於是破涕為笑，接著又開心地繼續玩遊戲。

分析上述兩名案例，前者是指孩子沒有主見，而後者則是指孩子樂觀、有創

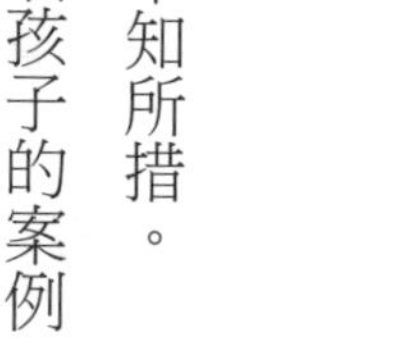

意，所以當他們遇到問題時，其表現肯定截然不同。剖析第一位的「聽話」孩子，想必是父母經常幫孩子下決定，並且較少讓他有參與討論的機會，提供他表達意見的時機；甚至當孩子說出了自己的想法，父母也會否決，認為孩子的意見無實質幫助，導致其思考能力受到抑制。並且，我們經常會見到有些父母要求孩子發表意見，但孩子卻支支吾吾、始終說不出口。這是因為父母並沒有訓練他們表達與獨立思考的能力，而孩子當然也就會成為聽話卻沒有主見的性格。

反觀第二個案例的小男孩是富有自主和創新的精神，並且從他跌倒還自己站起來看，其性格較為樂觀，可適應未來社會的激烈競爭。甚至，當他看到小女孩被絆倒時，自己還故意跌倒讓哭泣的小女孩破涕為笑，因此這名孩子還富有同理心，由此能進一步推估其父母的教育較為開放，並會釋放積極、正向的想法給孩子，使其具備正確價值觀，以擁有自主性的思考。

因此，作為孩子人生最初的老師，必須要剔除「為孩子做決定」、「要求孩子聽話」的想法，並鼓勵孩子勇於表達意見，才能培養其獨立自主、有自信的正向心態！

不會選擇的孩子沒有責任心

有些父母因擔心孩子受挫而痛苦，再加上太過於維護孩子的自尊心，便會以過來人的思維替他們安排好一切，而最常看到的情況就是幫孩子報名才藝補習班、干涉孩子選填志願，甚至是未來職業也會幫忙做決定等。在這種沒有訓練孩子做選擇的情況下，他們很容易會對父母形成依賴，當往後面對重大抉擇時，便會出現無助感，並發現自己無法離開父母來獨立生活，進而喪失信心和勇氣；儘管成為父母眼中「聽話的好孩子」，但卻不能對自己負責。

然而，父母經常以其權威或過去經驗來迫使孩子認同，甚至覺得孩子不必多話，只要聽他們的指示做事即可，但若是個性極端的孩子就會出現反抗行為，以致於親子間出現嫌隙；若是內向的孩子，則會默默接受父母的決定，但孩子卻會因此失去自主能力，甚至難以自己獨立生活。

究竟，父母該在何時讓孩子做決定呢？其實，當孩子放開父母的手想自己走路時，便代表他正要發展獨立意識，這時就可試著讓孩子自己做主。哈佛大學（Harvard University）布魯克斯教授表示：「當孩子知道自己有決定權時，便會減少與父母的權力衝突，並學習預測其選擇結果的障礙，將過程中遇到的挫折化為學

習經驗。」因此，父母可在幼兒階段提供孩子選擇的機會，但選擇權必須是有所限定的範圍，而不是空泛地讓孩子做決定。舉例來說，準備下午茶的點心時，可問孩子要吃布丁還是蛋糕；穿衣服時，問她想穿褲子還是裙子，以此讓孩子感受到自己有能力來決定。

有關給予孩子選擇的權利，在加拿大的教育研究裡出現以下兩則事例作對照：

＊「在一次家庭聚會上，兩歲多的兒子當著父母與朋友的面，哭著說不喝柳橙汁，要求像大人一樣喝可樂等碳酸飲料。」

＊「同樣的孩子，這時已長到七歲。有一次，父母到親戚家拜訪，卻因為媽媽要求他吃青椒而大哭起來。」

針對上述孩子哭鬧的情形，加拿大教育學者訪探千名父母的處理方式，其歸納如下：

（1）責備訓斥型

通常父母遇到這種情況，都會因面子掛不住而訓斥孩子，藉著施行權威的方式來抑制孩子哭鬧。

類似語句：

- 「聽話！不許喝可樂（叫你吃就吃）！」
- 「不准哭！真是羞羞臉，這麼大了還在別人面前哭！」

（2）哄騙利誘型

為了使孩子停止哭鬧，以利誘方式來換取孩子安靜，但事後並沒有實現承諾。

類似語句：

- 「你聽爸爸的話，現在把柳橙汁喝了（把青椒吃了），我明天帶你去兒童樂園玩。」
- 「你現在不哭，等一下買玩具給你！」

（3）遷就型

由於外人在場，為了讓孩子聽話、不哭不鬧，父母不僅遷就孩子，甚至答應他們任何要求。

類似語句：

- 「寶貝，乖、不哭！不想喝（不想吃）就別喝（吃）了！」

•「不哭、不哭！我倒可樂給你喝（我現在去買你最愛的起司蛋糕給你吃）！」

（4）回避型

當孩子大哭時，這類型的父母會強制要求孩子回避，不太理會他們的需求或情緒。

類似語句：

•「爸爸這裡有客人，回你的房間去。快，聽話！」

•「媽媽，妳把他帶出去一會！這小孩太不懂事了！」接著朝朋友苦笑，表示無可奈何。

（5）威脅恐嚇型

以威脅恐嚇的方式要求孩子聽話、不准哭。

類似語句：

•「你再哭，等一下叫警察把你抓走。」

•「聖誕老公公最討厭會哭的小孩，你再繼續哭，今年他就不送你禮物了！」

甚至，還會要求朋友配合搭腔。

其實，上述五種方式是大多數父母最常使用的說法，且同樣也是最不利於孩子身心發展的錯誤教育。專家表示，根據上述兩個案例，其父母的正確作法如下：

面對第一種問題，建議父母態度溫和，但口氣堅決地對孩子說：「喝完柳橙汁，你可以喝一口我杯裡的可樂。」而其隱含的選擇意義為：「你不喝柳橙汁，當然也就喝不到可樂。」這種說法代表，孩子除此選擇外沒有商量的餘地。而當孩子選擇喝完柳橙汁後，父親也應實現承諾，微笑地允許孩子喝一口可樂。

然而，面對第二種問題，父母應以平靜且嚴肅的口吻說：「我們在吃飯，如果想哭，你可以去旁邊哭；想坐在這裡和我們一起吃，就別哭！」儘管孩子依舊哭鬧，父母同樣堅持己見，不因孩子的情緒失控而尷尬；其選擇權仍是交還給孩子，讓他選擇要在旁邊哭還是繼續吃飯。最後，當孩子發現哭鬧無用時，便知道唯有理性、合宜地與父母溝通，才能有效解決。

在整個應對過程中，父母對孩子的溝通是具體、明確且民主的，並且不因孩子的行為而感到尷尬。專家認為，父母不必要求孩子「聽從什麼話」，只要要求他們做出決定。

然而，針對孩子兩歲和七歲的年齡出現不同作法，是因其兩歲的孩子還不能完

整表達自己的需求，所以會用情緒化的哭鬧來表示，故不能認為孩子是「不乖」的行為。而七歲的孩子則因語言發展漸趨成熟，再加諸理性的啟蒙，因此孩子可從父母的表情、語氣來意識到自己錯誤的行為，所以他們通常會選擇「不哭」。在這過程裡，沒有批評、責罵，更沒有直接制止孩子哭鬧或吃東西，父母只是具體地指出孩子可以選擇的行為，以及每種行為的後果，但最終決定權還是交給他們。

讓孩子自己做選擇，能幫助他們樹立信心。但也並非全權讓孩子作主，在一些重大事件上，父母也必須對孩子的錯誤進行指正，故父母心中應有一把尺，衡量自己的收放尺度，以確保孩子的品格發展。

教養小貼示

針對培養孩子提出意見，具備獨立思考的抉擇能力，除了父母「不強制」、「不命令」、「不打罵」的「三不策略」外，國外教養專家還提出下列方法，杜絕孩子聽命行事的依賴行爲，還給孩子自主權利。

✓鼓勵應具體且明確

孩子都期望得到父母的稱讚，所以當孩子照辦父母的指示，並得到「真乖」、「真聽話」的讚賞時，孩子便會一直聽從父母的意見而失去主見。我曾在雜誌上看到一個案例，一位媽媽總是喜歡誇獎孩子「真聽話」，慢慢地，孩子便事事按照媽媽的話去做，可是一旦要他作主，他便開始無所適從。這位媽媽對此感到很苦惱，後來請教專家，他建議這位媽媽不要再誇孩子聽話，而是對孩子使用更具體的正面評價。例如，當孩子吃完零食後收拾垃圾，媽媽便表揚孩子：「好極了，吃完就收拾桌面，這樣既整潔又衛生！」後來，媽媽聽從專家的建議，當孩子做對事情時，便以其事例進行鼓勵，慢慢地，孩子開始自動自發，再也不用等待媽媽的吩咐與指示。

✓尊重孩子感受

每位孩子都是獨立個體，因此也都有自己的想法。但因其社會歷練與經驗不足，所以有時提出的意見或選擇不僅天馬行空，甚至是幼稚且錯誤的，但父母此時不能輕易否定他，應尊重他的感受和決定，孩子才能漸漸培養自主獨立的行為。

舉例來說，媽媽帶著女兒去買衣服，女兒看上一件佈滿蕾絲的華麗洋裝，但媽媽認為洋裝雖看似華麗但品質很差，於是就幫女兒選了另一件粉色洋裝。女兒很生氣並大吵，媽媽則耐心地跟她說：「那件品質不好，而且不適合妳。這件質感好，比那件還貴呢！」可是女兒卻抽噎地說：「這件雖然好，但是沒有蕾絲，不是我喜歡的。」其實，孩子並不了解這件洋裝品質有多好，他們只是注重自己的喜好。所以，在許可範圍內，告知孩子各種決定的結果，並讓他選擇自己想要的物品，才能樹立其自主能力與承擔後果的責任心。

✔製造選擇的機會給孩子

聽話孩子的身邊，往往有個細心、周到、能幹且具有絕對權威的父母，他為孩子計劃好一切，卻忽略詢問孩子的意見。其實，父母應多提供機會讓孩子發表，多給孩子一些選擇的權利。例如，父母可詢問孩子：「今天我們去動物園，還是博物館呢」、「明天爺爺過生日，我們送什麼生日禮物給爺爺呢」；在給予孩子決定權與發表意見的同時，切記不要否定與批評，一旦你把選擇權給了孩子，就要接受其決定。

✔給孩子更多做事的機會

孩子唯有凡事自己動手、嘗試，未來才有獨當一面的可能。例如當孩子想請父母幫忙拿掛在高處的玩具時，不應直接幫助他，而是換個方式問他：「你自己有辦法拿到嗎……如果站到沙發上，很可能會站不穩，你覺得站在哪裡比較好呢？」藉此問話讓孩子思索，若孩子回答：「站在椅子上！」父母可先對其回應給予讚許並再次提問：「不錯，站在椅子上是個好方法，但是椅子似乎很重，你可能搬不動，那要怎麼辦呢？」這時，父母又丟回問題讓孩子想辦法解決，而孩子便在這一來一往的應對過程中，學習一步步地分析、解決問題，進而內化成自己的經驗。最後，當孩子順利取走玩具時，父母可對其方法再次給予肯定，使其產生自信，激發他探索的興趣。

✔給孩子自由規定的原則

父母應懂得收放的界線，不讓孩子任意妄為，才能培養出自主性。因此，父母應給孩子定下一個原則，並在此之下，給予他們充分探索、自由活動的時間和空間，而不是緊盯孩子的一舉一動。例如，父母可以規定孩子不能在馬路上玩，只能在空地上玩。但至於怎麼玩、和誰玩，則由孩子自己決定。

高捧孩子，容易膨脹自我

教養關鍵Q&A

Q. 對於自尊心過高並愛出風頭的孩子，該如何改善他們以自我為中心的個性呢？

Ans. **避免給孩子名不符實的過度表揚，並讓他們學習面對錯誤，克服逆境！**

孩子不是「家庭核心」

在教養孩子時，除了關注他們的學業知識外，其個人的心靈成長才是取決未來勝負的關鍵。忽視孩子心靈的發展，將使其變得自私自利，並且觀察這類型的孩子，他們的家庭都有一種特質——「捧在掌心的娃娃」。由於現今家庭模式多為獨生子女，故加劇了這類惡習現象——孩子成了家裡的「小皇帝」、「小公主」，並受到兩代人（父母、爺爺、奶奶）的寵愛，於是在他們心中逐漸形成了自己是「家庭核心」的偏差觀念，意即眼裡只有自己而無他人，甚至認為自己的需求都應獲得滿足，卻忘了感恩與回報。

這些自私的孩子看似意氣風發，實際上正面臨著心靈荒漠、人格缺陷，甚至是未來人生失敗的危機。由於他們常因得不到某種滿足或對別人的一點點過失而耿耿於懷，故常痛苦多於快樂，怨恨多於感動；甚至還可能因其極端的自私和心胸狹隘，而演化成危害社會與他人的危險分子。所以，父母唯有客觀地指正孩子的缺失，導正偏差觀念，他們才能回歸正途。

心理學家史密斯（Laura Smith）和艾略特（Charles Elliott）曾以「氣球」來比喻孩子自尊心的消長：「一顆氣球沒有氣，對人們來說毫無任何價值，但氣球若因充得太滿而脹破，也是毫無作用。唯有充得不多不少、恰到好處，才能兼具觀賞及安全的價值。」而將其觀念對應到教育孩子上，亦有相同道理。父母過度保護、讚揚孩子，將讓他們無法認清錯誤，甚至自我膨脹；若是漠視、嚴厲批評孩子，將致使他們產生自卑心理，呈現消極狀態。

在某一次的聚會中，我遇到一個開設網路公司的老闆，其一位離職員工的行徑，便印證了因自尊心過高而影響職場生涯的負面案例，供父母引以為鑑：

在這位老闆經營的公司裡曾有一名嬌氣、任性的員工，他還記得有一次下班，

同事們與她正快樂地閒聊，並開了她一個小玩笑，沒想到隔天她竟然發了封郵件，滿是憤怒地訴說自己受到多大的侮辱，內心有多受傷等等，並且還加油添醋地描述同事所說的玩笑話。事實上，這名員工平時也會開別人玩笑，甚至還會涉及人身，但大家也總是笑笑帶過，沒當一回事。但萬萬沒想到當玩笑的主角換作她時，她卻變得敏感且憤怒，很明顯的就是「只許州官放火，不許百姓點燈」的行為。甚至她還以此事當作請辭理由，連交接事宜都沒處理好便氣沖沖地到主管辦公室提離職；然而，當主管請她做好交接事宜再離開時，她竟任性大吼：「我不管，我現在就要離職！」說完，便生氣地回家去了。

追根究底，其實是她的父母平時保護過度，凡事幫她包辦到好所造成的；甚至當孩子有錯時，父母也不會正面告知，以致於孩子無法反省、意識到自己的錯誤，因而出現自私任性、目中無人的唯我姿態。

多數父母總會陷入一種教育誤區，意即當孩子出現錯誤或缺點時，因擔心傷害孩子的自尊所以不會正面提出；並認為孩子還小，長大後會自然而然明白，殊不知孩子若沒在犯錯的過程中，意識到自己的缺失，他們會認為這些都是客觀因素造成，把錯誤怪在他人身上，自己則沒任何問題。

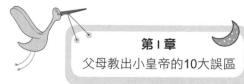

甚至，寵溺過度的孩子還會將自己的立場放大，認為自己是眾所矚目的焦點，稍有不順心就指責、怪罪別人，這一類型的孩子在進入職場後很容易因其性格缺失而影響人際。

言語影響自尊心表現

現今大多數的孩子都相當愛面子，這也是源自於父母的溺愛。由於孩子的錯誤與壞習慣沒有嚴加改正，導致孩子無法正視問題而「自我感覺良好」，甚至不惜貶低他人來證明自己的能力；並因過度重視自我而缺乏自信，容易產生嫉妒心，且不能容忍他人超越自己。

根據國外心理學者表示，虛榮是自尊心的過度表現，而自尊心又和周圍的「言語」有關，其「言語」包含父母誇大的表揚，以及讓孩子遠離困境的保護性言語。長期下來，孩子的性格、心態趨向將變成只為了贏得眾人的掌聲與焦點而改變自己，甚至失去正確判斷力、盲目從眾，以致於成為他人讚賞下的犧牲品。所以，教導孩子維持自我、保有原先熱情的初衷，是培養孩子待人處世的高深智慧。

並且，父母在孩子成長過程中所扮演的指導角色格外重要，當孩子踏錯時，父

母應趕緊提醒；當孩子路走偏時，父母應及時拉回正道；當孩子想嘗試新事物時，父母應懂得放手，而孩子也將從體驗的過程中，了解挫折、面對錯誤進而改正，在擁有正向的心態下克服往後接踵而至的困難，以堅忍的意志來面對與解決！

教養小貼示

孩子各階段的成長都是人格塑型期，父母的一言一行都影響著孩子做人處事的態度。愛孩子並非滿足他們的需求，而是在錯誤的同時立即指正，否則當他長大成人後，其性格、心態大抵已定，屆時父母無論再怎麼勸戒也難以改正。以下提出的三種方法，可有效避免孩子出現以自我爲中心的缺失心態。

✔愛而不寵，不讓孩子特殊化

愛孩子並非讓孩子予取予求，當孩子出現寧願獨食而不願與他人分享的行為時，父母必須檢視自己是否太過溺愛孩子。

由於現今雙薪家庭的模式，導致許多父母只能在有限的時間陪伴孩子，而為了彌補與孩子失去的「時間與關懷」，他們通常會在物質上盡量滿足孩子，例如買孩子愛吃的零食、喜歡的玩具等，使孩子出現「自己是家庭核心」的錯誤觀念。

甚至，也有「拒絕孩子分享物質給自己」的父母，如當孩子有時想把餅乾分給父母，他們通常會在感動之餘表示：「我們不吃，你吃吧！」長此下來，便會強化孩子的獨享意識，而他們也會理所當然地把好吃、好玩的事物據為己有，形成自私霸道的負面性格。

因此，在家庭生活中必須培養「公平」的氛圍，例如兄弟姊妹平均分攤家事、食物點心公平分配，這無疑是防止孩子滋長「獨享意識」的觀念。此外，父母更要教育孩子時時為手足著想，了解自己與其他家庭成員是平等關係，不能為了一己之私而傷害他人權益，唯有設身處地為他人設想，才能培育出懂得感恩與分享的正向心態。

✓給予孩子實踐分享的機會

父母可經常提供機會讓孩子與其他小朋友互動，並在共同分享的過程中體會快樂，如父母與孩子一起製作的小點心，可請他們分送給鄰居或同學，使其了解人與人之間的分享是充滿愉悅的互動，如此一來，不僅能拉近彼此距離，

還能培養凡事感恩的心。

另外，父母應創造孩子為自己服務的機會，如媽媽買蛋糕回家當點心時，可請孩子協助分配，假使其分配合宜，應及時稱讚；甚至當孩子主動幫忙家務時，也應欣然接受並對此行為加以表揚，即便孩子做得不好也避免斥責或自己動手，應懂得讓孩子有「再一次」的機會，鼓勵他完成，並肯定孩子在過程中的努力。

✔了解付出並非失去而是互利

孩子之所以不願付出，是因為他覺得付出就是失去。常言道：「施比受更有福！」事實上，父母應在平時就教導孩子付出不僅代表自己有能力幫助他人，更代表自己有給予他人提供幸福的權利。

甚至，還要讓孩子明白，付出並不是失去，它是一種互利；意即「付出」體現了自己對他人的關心與幫助，而受助者也會以自己的方式回報他人，如此循環才能讓世界更溫暖。

物質比較，孩子出現虛榮心

教養關鍵Q&A

Q. 孩子經常與同學進行物質比較，該如何改善這種虛榮個性呢？

Ans. **避免孩子出現偏差行為，並教育孩子富有的心靈更勝過物質的比較！**

放縱是虛榮的開始

我與兒女每天都有一個固定的家庭時間，以分享當天的故事與心情，不僅能藉此給孩子機會教育，還可拉近親子間的距離。還記得女兒王蕊剛升上小五時，分享了班上一位同學的故事，而她也從中學到心靈上的滿足，遠勝於物質比較的道理！

那時是王蕊開學的第一天，她說那天班上相當熱鬧，並各自形成一個小團體，開心敘述著這個暑假的新體驗。當女兒與同學快樂地聊天時，班上一位喜歡炫耀的

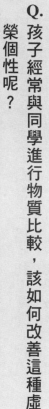

男同學突然打岔，中斷了他們的談話，他微微抬起腳，得意地說：「你們看，這是我爸買給我的新鞋，你們知道『NIKE』這個牌子嗎？我腳上這雙就是！」隨後，便看看其他同學的鞋子，諷刺地說：「這些鞋都沒牌子，應該是路邊攤買的吧！」說完，便等著別人一起附和，但他看沒人回應，也沒人稱讚他的新鞋，便丟下一句「你們真俗」就回到位子上了！

女兒講完後，我順勢問她：「妳聽完這位同學的說法，有什麼感覺呢？」只見她馬上回答：「我覺得他是個愛慕虛榮的人，並且貶低其他同學鞋子的行為，讓人感覺很不舒服！畢竟，我們的鞋子都是爸爸媽媽辛苦賺錢買來的，他的話很傷別人的心！」聽完女兒的描述，我先稱讚她的明理，也藉此進行機會教育：「妳能體會爸媽賺錢的辛苦，這點很好！我覺得很欣慰呢！而從這位同學的言行中，我們能發現他以自己的新鞋為傲，並且以貶低他人來襯托自己，這種物質上的比較，其實說明了他心靈的空虛。因此，我們只有在心靈上得到滿足，才不會盲目的攀比！」女兒聽完後，點頭表示認同，而在她小小腦袋裡也慢慢深植了這項觀念！

其實，從女兒分享的故事中可發現，隨著時代進步，大眾的物質生活水準已提高，若父母沒有加以管教與限制，孩子很容易陷入「品牌迷思」，意即與同學比較手機品牌、衣服品味，甚至父母開的車也會進行攀比，如此的偏差觀念若沒有及時導正，孩子便會出現以「外在」來評斷一個人的錯誤價值觀！

控制物質欲望

根據國外心理學者研究顯示，每個人都有消極心理，而「比較」就是其中之一，它意味著「別人有我也要有，別人好我要更好」的比較心理，其隱含著競爭、好勝的心理成分。因此，家庭中或多或少都會出現這樣的場景，孩子要求父母買玩具給他時，總會說出「○○○的媽媽都買給他，妳也買給我」等諸如此類的話語。

其實孩子因為年紀小，不能理性控制自己的比較心理，只知道別人擁有他也要有，父母如果拒絕，就會開始大聲哭鬧，直到妥協為止。但若是一味滿足孩子的攀比欲望，無限度地供給孩子，只會助長他們貪婪和虛榮的心理。因此，當孩子開始出現欲望膨脹的心理時，父母應加以阻止並教育其正確觀念，以免孩子因需求無法滿足而產生受挫感，並出現不當行為，如偷竊或自殺等。

因此，當孩子還小時，父母應導正孩子的消費觀，杜絕「比較風」的形成。尤其近年來，兒童消費導向已成為商家的炒作趨勢，雖然社會風起氣影響也是導致孩

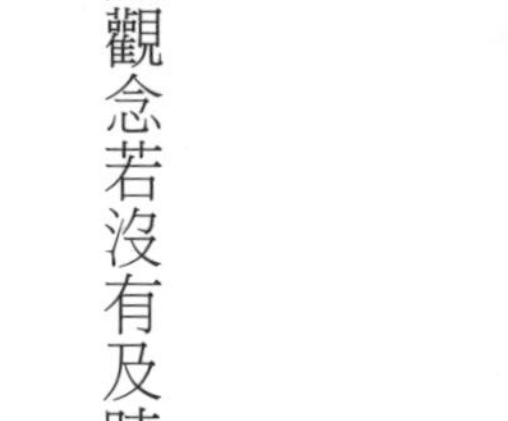

子高消費的主因之一，但若是沒有矯正孩子的偏差觀念，即便後續要開始管教，也會因孩子「習慣已成」而顯得相當困難，此時將會助長他們虛榮與貪圖享樂的風氣，形成錯誤的價值觀。

為了控制孩子的消費限度，父母必須控制其物質欲望，並且不應輕易妥協。例如與孩子逛大賣場時，父母可請孩子對同樣物品進行比價，假使媽媽想買優酪乳，可讓孩子看看各種廠牌，並分析其價格、品質等，再請他們選擇最划算、最健康的優酪乳，試著讓孩子培養「貨比三家」的觀念，學習理財及消費。

近年來，研究學者針對國中小學的學生進行調查，發現「吃要美味，穿要品味」的奢侈風氣逐漸彌漫在校園中，因此同儕間的比較心態也因而形成。在補習班，我最常見到同學比手機與鞋子，而這些相互攀比的心理與父母的教育有密切關係。即便有些學生的家境並不富裕，但父母憑著「再苦也不能苦孩子」的觀念便會造就他們浪費、虛榮的負面心態。

此外，父母應避免出現「孩子長大就知道自己苦心」的想法，因為孩子若沒經常接收正確觀念是不會自己理解的，唯有適度制止與引導，孩子才能了解心靈層面的充實是戰勝外在攀比的最佳良藥！

教養小貼示

父母不僅是孩子人生的第一位老師，更是他們學習的鏡子，而父母日常的言行舉止和價值取向將對孩子的價值觀產生相當大的影響。故對於孩子的比較心理，必須採取正確的引導措施，以避免這些不良心態造成嚴重後果。以下提出有效作法供父母參考：

✔堅持己見，拒絕心軟

父母要做孩子的榜樣，不要因為面子就將孩子與他人進行比較，如對孩子說「你看○○的成績多好，你怎麼不爭氣點」等比較話語，如此一來不僅會打擊孩子的自信，甚至將影響親子關係。另外，也有些父母因疼愛孩子，不希望讓他們受到委屈，所以會盡其所能地滿足孩子，而這種作法將形成他們錯誤的觀念，產生攀比念頭。

事實上，父母可透過分享現實生活的經驗與道理，讓孩子了解每個人因環境、價值觀及需求的不同而擁有獨特物品，並教育孩子經常捫心自問「我有這個物品的需要嗎」、「我是因為別人有而想要嗎」、「是不是有其他物品可代替呢」，以此讓孩子進行心理對話，深刻了解自己內心的欲望是來自「比較」還是真正的「需求」。

另外，父母要堅定立場，拒絕孩子的不合理要求，切忌因為孩子哭鬧而心軟，這種作法只會讓孩子將「一哭、二鬧、三任性」當作與父母「鬥爭」的武器，使孩子的欲望無限擴大。倘若孩子執意得到某項物品，或者出現盲目攀比情形的話，父母可讓孩子透過努力或勞動來換取，切身體會到滿足欲望是必須付出代價。

✔適當引導比較心理

「比較心理」並非單單字面上所看到的負面意義，其也隱含著當父母適度引導、利用孩子的比較心理後，可提升其各種能力發展的積極意義。然而，引導並非將孩子與他人進行「負面比較」，如「你怎麼不像姐姐優秀」、「你同學比你還懂禮貌」等帶有嘲諷意味，而這種說法不僅不能得到孩子認同，甚至還會引起他們反抗的消極心理。

事實上，正確的引導應讓孩子了解與他人的「競合關係」，而不是將對方當成敵人，讓孩子了解優秀的榜樣應向他們學習，不良案例則讓他們有所警惕，以免犯了相同錯誤。

那麼，究竟要如何以此激勵孩子呢？建議父母利用正向話語進行鼓勵，如「○○的數學成績很棒！你也要加油喔！如果有不懂的部分也可請教他」、「表姐怕你著涼，體貼地幫你準備了外套，我們應該向她學習替人著想的態度」……等，利用孩子模仿及學習力強的特質，以正面例子幫助他培養積極、健康的競爭心態，激發其上進心，促使孩子各方面的健全發展。

✓教育孩子學會珍惜

讓孩子參與社區服務、提供物品給偏遠地區，教導孩子惜福與感恩之道，使其了解自己擁有幸福的生活，並從他人的困難生活中懂得貢獻一己之力來幫助他們，進而減少孩子要求父母滿足自己物質欲望的行為。

根據研究顯示，要讓孩子徹底解除物質的誘惑，以及與他人比較的心態，唯有讓孩子真實體驗他人的不便與困難，他們才能從中體會惜福的重要。

逃避道歉，孩子無法承擔責任

教養關鍵Q&A

Q. 孩子做錯事後經常不道歉，該如何解決呢？

Ans. **父母以身作則，以身教教孩子承認錯誤，真心致歉！**

父母也要懂得道歉

在日常生活中，大人和孩子都免不了犯錯，但在過程中，我們不難發現孩子向父母道歉的比例，竟比父母向孩子道歉的還多。由於父母總會以高高在上的權威心態，來掩飾或忽略自己的錯誤，故當孩子發現父母犯錯卻不道歉時，便會開始模仿，進而出現他們不肯面對、不負責任、消極等負面心態。等孩子已到思維發展的階段時，若父母要教育孩子勇於承認錯誤、自我反省及道歉，孩子必定會出現反抗心理，甚至以「你做錯事也沒有道歉」等言語來頂撞父母，而難以樹立正確觀念。

現今教育要求父母必須以身作則，其實當自己做錯事時，向孩子說一句「對不起」，並不會有損父母的權威，反而會構建出一個平等的交流平臺。更重要的是，父母親身示範的作用，還會為孩子建立負責任的形象。

在某次的親子講座上，一位媽媽抱怨孩子不聽話，並說了前不久發生的事例：有一次她發現自己皮包少了一百元，她當下就認定是兒子拿的，即使孩子一直堅持說「沒有」，她仍然不信。甚至，這位媽媽還耐著性子，對孩子「諄諄教誨」，以為這是對孩子的「寬容」（但在我看來，卻是認定孩子拿錢的「傷害行為」）：「你如果需要錢可以向我要，但不能自己拿！」

後來見孩子否認，她便越來越生氣，甚至警告孩子：「未經媽媽允許拿錢，這就是偷！」孩子因被誤會而不服氣，還說兒子的眼眶甚至泛著淚水，母子倆就這麼吵了起來。之後，孩子的爸爸回來了，看見她正在質問孩子「偷錢」的事，便急忙解釋道：「錢是我拿的，我只是還來不及告訴妳！」後來，這位媽媽才停止對孩子的逼問，但卻又補上一句：「孩子，你如果需要用錢要跟媽媽講，千萬不要偷偷拿，知道嗎？我每天都有記帳的！」結果，這位媽媽表示，孩子聽完覺得受到侮辱，一氣之下，便甩門進房了！

另外，在講座上，也還有這麼一個例子。一位媽媽眼看時鐘的指針已指向九

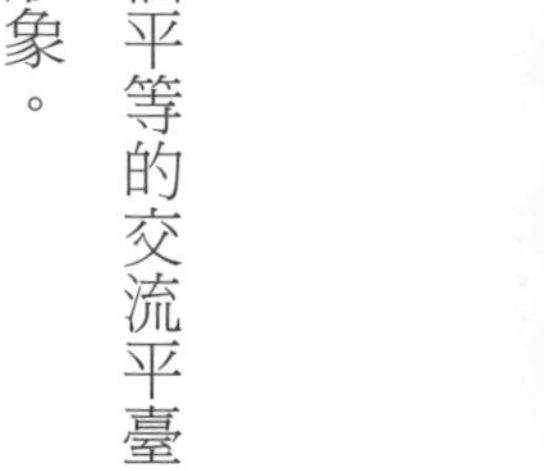

點，但女兒卻還沒回家，因此他的媽媽相當著急。過了一會兒，女兒回來了，但媽媽還沒聽孩子解釋便開始責備他，只見孩子不發一語，直接進房。過了幾天，女兒同學的媽媽登門表示謝意，稱讚她的女兒非常熱心，看到因拉單槓受傷的兒子，便趕緊協助帶他去醫院治療。這位媽媽一聽才恍然大悟，十分後悔那天如此武斷地批評孩子。晚上，媽媽進到女兒房間，十分誠懇地對自己誤會孩子、不聽她的解釋而道歉。後來，女兒只是微微笑地說：「妳終於知道了！以後別不聽解釋罵人了！」接著，母女倆不約而同地笑了出來。

以上兩個一反一正的事例，都能予人啟迪。在家庭生活中，父母說錯話、做錯事，甚至冤枉了孩子，都是在所難免，但關鍵是發生問題後父母的處理方式。現今親子教養專家都一致認為與孩子相處，應是民主平等、不擺架子，錯怪孩子就該主動道歉，且態度誠懇、不敷衍。

然而，有些父母會有一個錯誤觀念，認為向孩子道歉會有失尊嚴！其實不然，當父母向孩子認錯時，是樹立孩子「有錯必改」的楷模榜樣，這將使他們由衷地佩服父母的見識和修養，並學會勇敢為自己的行為負責，使其從小形成責任意識。同時，孩子也會因此更加信任父母，進而擁有良好的親子關係。

為孩子描繪「美好未來圖像」

在王蕊、王浩還小時，有一次我聽到他們倆在廚房爭吵，王浩跑來跟我說：「爸，姐姐不幫我拿蛋糕！」結果，女兒馬上說道：「是你叫我走開的！」我請他們先不要說話，冷靜情緒；接著我先聽兒子的陳述，再聽女兒的說詞。結果，我發現原因是出在「走開」一詞對這兩個孩子的定義不同，所以才產生爭吵。

首先，王浩要姐姐「走開」的意思，是因為她擋到他拿冰箱下層果汁的關係，但並不是真的要她「走開」；而王蕊則是因為弟弟要她「走開」，覺得他說話不禮貌，所以她就真的「走」了。聽完後，我問王浩：「你知道姐姐不幫你拿的原因了嗎？」他點點頭表示了解，並道了歉。

接著，我轉頭看著王蕊，她說：「我知道他說的『走開』沒這個意思，我只是『故意』不幫他拿，所以我也跟弟弟說聲『對不起』。」等情況明朗後，兩人便又開開心心地吃點心去了。

因為這次的事件，讓我發現協助孩子說出內心話，以意識自己錯誤的關鍵，他們才能反省進而真心道歉。如此一來，孩子在父母的幫忙下與知錯能改的過程中，不斷調整與進步，才能勇敢邁向未來的美好目標！

教養小貼示

如果父母從不向孩子承認自己的缺點、過失，他們就會產生「父母總是自認永遠正確，但實際上都在出錯」的觀念。久而久之，孩子會對父母的教誨置之腦後。因此，唯有自身樹立榜樣，孩子才能提高分辨是非的能力，嘗到原諒別人的寬容滋味。而為了樹立孩子的責任意識，建議父母不妨注意以下兩點：

✓視孩子年齡，選擇道歉方法

對於年齡較小且表達不清的孩子，父母其實不用講太多道理，只要利用語調再配合如手勢、表情、行動等，孩子便能很自然地了解「父母在這件事上做錯了」，例如以手抬至額際的手勢，帶著歉意說「寶貝，對不起，爸爸誤會你了」，以此讓孩子感受到爸爸的誠意。

但是對於年齡較大，已具備思考力的孩子來說，父母向孩子道歉時，就必須講明這件事的錯誤原因，並進行分析，讓孩子從中了解前因後果，避免重蹈覆轍，而這也是一種「間接教育」。

✓道歉態度要誠懇

父母的道歉態度相當重要，不能過於生硬，或者輕描淡寫，因敷衍的態度無法讓孩子感受到父母的誠意，最後便只會加深誤解。由於年齡較大的孩子能明顯感受到父母真實或虛以委蛇的態度，所以父母必須發自內心的誠懇道歉，不要礙於面子或身分而不願放下身段，更不要敷衍帶過，以培養孩子正確的價值觀。

試想，當孩子不小心撞到你，這時他若說「我不是故意的」與「對不起，爸爸，我不小心撞到你了，會不會痛呢」，你會覺得哪一種說法讓你心裡更舒服呢？其實，將心比心，孩子的感受亦是如此，唯有大方道歉與承認錯誤，父母才更能獲得孩子的尊重。

幫找藉口，孩子不能勇於認錯

教養關鍵 Q&A

Q. 每當孩子犯錯時總會找藉口、推卸責任，究竟該如何解決呢？

Ans. **引導孩子總結經驗與教訓，並承擔責任！**

引導孩子承認錯誤

在現實生活中，許多父母常因心疼孩子犯錯會受到懲罰，以及孩子面臨失敗後所感到的痛苦，而將過錯歸咎於外在，以減少孩子的心理負擔。如剛學會走路的孩子不小心摔倒，一旁的爸爸或媽媽總會一邊扶起孩子，一邊說「都怪這條路不平坦，害寶貝走不穩」，如此將過錯歸咎於外在，孩子將無法從錯誤中學得經驗，因為孩子所接收到的訊息是「我跌倒是因為地不平坦，與我毫無關係」，但卻沒想到可能是因自己走路姿勢不對或是沒注意到路邊有顆小石頭而跌倒所致。故假使當孩子長期下來都無法自省時，他們將會出現凡事找藉口的缺失。

我還記得王浩在國三的某次基測模擬考中，表現失利，心情顯得相當沮喪。當時，他的奶奶看到王浩步伐沉重、垂頭喪氣的神情，便馬上上前關心，不停地問：「乖寶貝怎麼啦？你看起來心情很不好，是不是有同學欺負你……還是，遇到什麼困難了？告訴奶奶，奶奶來幫你！」聽到她如此「愛護」孫子，不免為兒子擔心起來，深怕孩子會倚賴奶奶來解決問題。然而，王浩卻沒有向奶奶訴苦，反倒安慰奶奶：「奶奶別擔心啦！我只是模擬考沒好好準備，成績不太理想而已，我會再加強各科複習的！」當我看到兒子如此懂事，頓時放下一顆沉重的心，其實他能勇於面對錯誤，不找藉口推諉，是因其從小便被教育要時時自我反省，不要凡事依賴他人的正向觀念！

我總結了過去二十多年的教養經驗，將其教育孩子主動承擔錯誤的自省能力，整理出三大步驟：發現錯誤→分析原因→改善作法。以兒子考試失利的故事為例，父母可藉此施行法則進行以下引導：

＊發現錯誤

當孩子表明心情沮喪是因考試失利時，父母不應不問原因便開始責罵；也不要用「保護式口吻」來混淆孩子認知，如「真正的基測試題也沒那麼難，你別太在意了」，諸如此類的說法都容易讓孩子無法反省自己失敗的原因。

其實，正確作法是讓孩子先省思失敗原因。因此，父母可順勢問：「你覺得考差的原因是什麼呢？」接著，讓孩子一一回答，假使他是因複習不足或某科學習較弱等自身原因，父母應先給予孩子意識到自己學習不佳的正面肯定；但他若是將原因都歸咎於「考試太難」、「老師沒說會考這題」等外部原因，父母可再進一步地詢問「你自己準備充足了嗎」、「自己的念書方法有沒有缺失」等，以引導孩子反省、發現錯誤。

＊分析原因

當孩子發現自己的缺失後，可試著讓孩子分析原因，而不是馬上教他作法。如孩子是因複習不足，可讓他想想是哪些因素造成，是因時間分配不良致使進度落後，還是自己偷懶而使學習大打折扣等。盡量教育孩子分析失敗原因，如此一來，可有效避免孩子出現推卸責任的惡習。

＊改善作法

當孩子歷經上述過程後，表示已培養出自省能力，這時父母應引導孩子找到解決辦法。可試問孩子「那你覺得該怎麼改善呢」，以此讓他思索解決方式，假使他提出良好建議，父母應及時給予肯定，鼓勵其努力找出改善方法的正面心態。然而，孩子若是沒有想法，父母也可指引孩子再次深思，如「你覺得哪一科的學習較弱，如果花多一點的時間來加強的話，你覺得有沒有效果呢」，教導孩子以積極心態找出方法。

避免孩子犯錯找藉口

事實上，孩子都是在犯錯過程中累積經驗以成就自我，而其認知過程便是在父母的引導下完成。若孩子喜歡找理由或藉口來逃避責任，大多是父母沒有立即指正所讓孩子產生的惡習。如此一來，孩子不僅長大後難以擔當大任，即便是生活中的「小任」也可能無法面對。

父母為孩子擋下所有困難並不是愛孩子的表現，而是抑制其人格發展，造成孩子經常找藉口的壞習慣。正所謂「人非聖賢，孰能無過」，一個人犯錯並不可恥，可恥的是不知錯誤，不認錯誤，不改錯誤！而大人不僅應有如此認知，孩子當然更亦如此，因此當孩子面對失敗時，不應讓他一味找尋藉口，而是找出失敗的真正原因，以進一步完善品格、提升能力，發展積極正向的心態。

其實，每個人的成長都是在不斷犯錯、體會、反思、鍛鍊與學習的循環中完成，所以孩子的健康成長便是所有代價的總結。而孩子若養成了「出問題，找藉口」的惡習，除了無助於成長之外，也會造成別人對其能力的不信任。因此，父母必須教導孩子坦誠面對自己的失敗、勇於承認，以彌補錯誤所帶來的不良後果，甚而得到他人的諒解。

日本經營之神松下幸之助曾說：「偶爾犯錯誤無可厚非，但從處理錯誤的心態上，可看清楚一個人。一個團體、組織是需要能正確認識自己錯誤、及時改正並加以補救的人！」因此，讓孩子面對問題、為自己的行為負責，可培養其對事物的判斷力、選擇最佳方案力、解決問題力、為人處世力等，藉此讓孩子有全方位發展。

然而，教導他們獨立學習解決困境，並非完全放任，而是加以正確引導。其實，教育孩子就如同疏通、引流的工程，孩子在小的時候像條小溪，細微的水流蜿蜒流淌，假使放任不管，溪流的長度雖然逐漸延長，但沒有疏通其中的淤泥石頭，也沒有引流至大海，水流當然依舊微小。將其對應到孩子的成長上，意即孩子若沒加以教育，也會因各種障礙而受限，甚至嚴重者，還有斷流的可能。因此，當父母能適時地移走心靈障礙，疏通到更為寬闊的大江大海，他們才能培養出高遠眼界，健康成長。

正所謂「成功者找方法，失敗者找藉口」，一個人的成熟程度，最簡單的衡量方式就是以其責任的程度來評斷，意即不以客觀理由來搪塞而是能及時反省自己，事實上，反省能力越高的孩子，其自信也將提升。

教養小貼示

期望孩子未來能有所擔當，就必須培養他們判斷是非利弊，找出最佳決策方案，並學習承擔抉擇後果的能力。因此，當孩子的啓蒙時期開始時，父母便應教育孩子凡事不找藉口的惡習，建立他們正面、勇於接受錯誤的觀念。

✓父母應以自身作則

父母首先應以自身作榜樣，避免有問題就找藉口推卸，使孩子養成一個凡事愛找藉口、缺乏自我反省意識和喜歡逃避責任的不良心態。長久下來，不僅孩子的觀念偏差，甚至也難以承擔重任，影響其一生成敗。

✓父母要學會傾聽

父母應懂得「傾聽」，但並非只「消極地」傾聽孩子的辯解和藉口，然後立即予以斥責，如此一來只會關閉與孩子溝通的大門，使其無法面對錯誤。正確作法應為「積極地」傾聽孩子的解釋，理解其前因後果，並聽出孩子的心情與感受，教導他們以正面的心態解決問題。

✓父母應免除溺愛

對於孩子來說，父母無所不能，但若凡事都幫孩子打理完善、除去任何阻礙與困難，將造成孩子的一無是處。故父母應放心讓孩子做事，且不過度插手，如此一來不僅能培養懂事、獨立與責任意識，對於自己的過失還能勇於面對、解決，以正向心理迎接任何挑戰。

缺少磨練，孩子只會輸不起

教養關鍵 Q&A

Q. 當孩子玩輸遊戲時，不是大聲哭鬧，就是耍賴，究竟該如何解決呢？

Ans. 父母應教導孩子以「平常心」看待輸贏，接受並轉化孩子的負面情緒！

教孩子面對失敗

在現今的社會型態裡，其競爭不僅只是知識和能力，心態更是關鍵，擁有輸得起、放得下的正面心態，才能越挫越勇，勇闖成功頂端。因此，父母在培養孩子健康心理的過程中，具有不可替代的作用。

但現今父母多分為兩種，一為對自己的孩子疼愛有加，不願看其受到委屈，便替孩子擋下不少困難；甚至也有一些父母喜歡將孩子的成功拿來炫耀，孩子比賽贏

了或成績優秀便誇孩子聰明、能幹，輸了便指責和埋怨孩子笨，這種教育方式將容易使孩子走向失敗。

諸如此類輸不起的孩子，通常在與人相處時，往往喜歡當團體中的核心人物。假使自己一旦失去光輝，就會開始任性發脾氣，同時他們也不會懂得感謝，也容易因外界影響而混淆其價值觀。因此，當孩子遇到挫折、困難，而出現沮喪、焦慮、自卑的反應時，父母的職責不是盡力剷除阻擋孩子前程的障礙，而是提高孩子的挫折忍受力，故父母應在日常生活中，培養孩子做事的目的性和持久性，幫助他們在克服困難的過程裡，鍛鍊堅持的意志。

我曾在一次受訪的談話性節目上，聽到一位媽媽訴說自己孩子出現「輸不起」的情形：

有一天，她接到學校打來的電話，說女兒和同學吵架吵得很兇，甚至還互推對方。當她忐忑不安地趕到學校後，發現女兒和另一位小男生及其父母都在老師的辦公室裡。聽完老師的轉述後，原來是因為班上要重新選班長，最後這名小男生以多出五票的優勢勝出。沒想到女兒接受不了這個事實，當場哭了起來，甚至生氣地推了他，小男生因來不及防備便撞到桌角，結果鼻血直流。

這位媽媽自知理虧，趕緊主動向他們一家認錯、道歉，問題解決後，便直接回家了。但她的爸爸脾氣暴躁，聽完整個過程後便忍不住要教訓女兒；結果媽媽看到孩子流露出害怕的眼神，便急忙拉住了爸爸，要他冷靜。等到爸爸冷靜下來後，他們才開始問女兒當時為什麼要推他，結果這麼一問，女兒的眼淚開始撲簌簌地流了下來，抽噎著說：「我的票數為什麼會比他少？我為什麼不能當班長？」

事實上，這位媽媽的女兒就是典型的「輸不起」。在家庭生活中，或許也有類似的情形發生，這些孩子偶爾會因「輸」而出現沮喪的神情，但父母必須了解這是孩子競爭過程中會出現的正常情緒，倘若父母沒有設法引導孩子的好勝心，而是一味要求他向前衝，孩子會在極度好勝與遭受挫折的雙重壓迫下，出現和上述女兒一樣的極端行為。

美國著名心理學家布魯納曾經指出，好勝的內驅力可以激發人的成就欲望。但若沒有加以控制就會導致孩子在相互競爭中產生嫉妒心理。而當嫉妒過於強烈，任其發展，孩子便會形成扭曲心理——心胸狹窄且喜歡看到別人不如自己，並透過排擠他人來換取成功。

因此，父母必須了解好勝心過強會出現如消極、悲觀、自卑、浮躁、驕傲、自大、貪婪、偏執、嫉妒、仇恨等偏差心態，尤其像家境富裕、備受保護或在處處都是以自己為焦點所成長下的孩子，他們更容易因好勝心而衍生出嫉妒心。因此，唯有父母適時、適性（依孩子性格而改變教養模式）與適度的引導，孩子才能走回正道。

孩子「輸不起」的原因

我們常會聽到一些父母經常抱怨，如「每次和孩子一起玩遊戲，只要我贏了他，他就會很不開心，吵著說不算數，要重來」、「我們家的孩子不會交朋友，所以玩遊戲、比賽他只能贏，不能輸，否則小朋友的焦點不在他身上就會不理他」。除此之外，類似爭強好勝，贏了就滿心歡喜，輸了就大哭大鬧的小孩也是「輸不起」。

從心理學的角度來分析，孩子「輸不起」的心態其實是正常現象。因為孩子並非天生就有自信，他們要透過努力、成功以獲得他人的認可，所以無論做什麼事，總是希望自己比別人強。但由於孩子歷練不足，各方面能力及思想都不夠成熟，所以他們並不了解自己的強項和弱點，所以在人前或是團體活動中，一旦表現不如人，就會發脾氣，甚至是哭鬧。

通常孩子「輸不起」會有兩種表現：

一是面對挫折和失敗，採取回避的辦法以逃避困難。例如，父母批評孩子不認真學習，成績不如隔壁鄰居好，此時孩子大多會放棄不學。

而另外一種則是一旦玩輸遊戲時，就會大發脾氣或哭鬧以示宣洩。如在幼稚園的老師們，常會遇到因得不到發言機會而委屈哭泣的孩子，以利用情緒化的方式來表達不滿。

雖說好強是孩子的正常心理，但如果太在意每一次的輸贏與得失，將會影響其人際關係。因此，面對這類型的孩子，父母必須教導孩子排除不服輸的心理障礙，讓他們體會失敗將有助於其經驗的增長，並且父母也應同理孩子的難過情緒，但最後必須將他引導至正面思維來檢討失敗原因，進而精進自己的能力，並教導他以平常心來看待每次的輸贏，使其真正體會到「競爭」的正面含意！

教養小貼示

在孩子個性養成的過程中，父母的角色具有非常重要的指標作用。首先，父母必須要平衡自己的心態，正確看待孩子的失敗，才能有效引導「輸不起」的孩子。對此，美國教育專家提供父母教導孩子坦然面對輸贏的施行方法，羅列如下：

✔幼兒期體驗失敗與成功

父母應儘可能協助幼兒體驗成功，建立自信，並讓他們知道失敗在生活中是不可避免，並教育他視其為另一種情感體驗。故當幼兒情緒低落時，父母要多加鼓勵，幫助他們積極面對挫折、鼓勵他勇於解決。

此外，父母不要過度為孩子排除在正常環境中可能會遭遇到的困難，例如鞋帶綁不好、鈕扣不會扣、走路跌倒……等。當孩子遇到問題時，父母也不應立刻插手，而是適度留給孩子自己面對失敗的機會。

✔陪孩子在輸贏成敗中學習

與孩子進行遊戲或比賽時，父母不必每次都讓孩子贏，否則孩子無法認清自己的實力，甚至還會出現過度自信的幻覺。然而，針對年紀較小的孩子則可以十次裡故意輸四次的比例，讓孩子在勝利中感受成就的滋味。

然而，當孩子輸了時，父母則應與孩子進行檢討，對於好的部分加以表揚，錯的部分則加以改善，讓孩子懂得從失敗中汲取經驗，使自己能更精益求精。

✔讓孩子在團體遊戲中提高耐挫力

在孩子的成長過程中，會經歷許多挫折和失敗，而這些痛苦經驗能讓他們更清楚地認識自己、發現缺點和他人的長處，並總結經驗以內化能力。如此一來，孩子一方面學會了欣賞別人，和同伴友好相處，共同合作；另一方面，在與朋友的交流中，他們學會分享經驗，並從合作中了解如何克服困難、解決問題。

三多父母，孩子易粗心大意

教養關鍵Q&A

Q. 孩子做事總是忘東忘西、粗心大意，該如何改善他馬虎的態度呢？

Ans. **找出問題癥結點，協助孩子自行改善！**

著重細心培養

「猴子皮皮因住家與學校距離遠，所以平時都住在學校的宿舍裡。有一天，皮皮的媽媽生病了，便趕緊收拾行李回家探望媽媽。

在回家的半路上，皮皮突然發現他的襪子竟然不同顏色，於是便跑回宿舍換一雙。一到房間，皮皮東翻西找，好不容易找到一雙襪子，但竟然也是不同顏色，正當皮皮發愁著解決這個窘境時，突然看到腳上的襪子正好與手上的一雙各為一對，於是便馬上脫下其中一隻換上正確的。

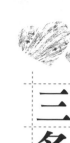

後來，皮皮到了樓下，心想拖了這麼久的時間，一定會趕不及回家，於是決定騎腳踏車趕路，但卻發現忘了帶腳踏車鑰匙，便又匆匆回到樓上拿，之後便急忙騎車趕回家。

但當他回到家時已經是半夜了，皮皮爸爸罵了他一頓，後來皮皮回到房間，想想今天因為自己的粗心而浪費這麼多時間，甚至連晚餐也沒吃到，這個代價可真大啊！」

這則床邊故事是兒子小時候最愛聽的一則，每次講完後，他總是會嘲笑猴子皮皮太粗心，而我也總是在旁提醒「所以細心很重要，不然不僅苦了自己，甚至還會拖累別人」，以此加強兒子「做事要細心」的印象。

其實，孩子若出現粗心大意的情形，主因多與父母的教育有關。如在孩子的幼兒時期，沒有對他們進行系統性的訓練；或是常讓孩子一心二用，如邊看電視邊寫作業，或是使孩子經常處在嘈雜混亂的環境裡學習，這都會致使孩子注意力不集中，而出現粗心大意的惡習。

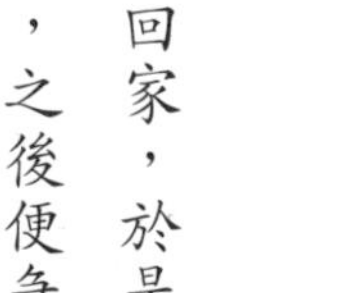

拒當三多父母

我常將「包辦多」、「關照多」、「提醒多」的父母，稱為「三多」父母。除此之外，父母缺乏對孩子的責任心教育，也會讓孩子養成粗心馬虎的習慣。其實，孩子出現粗心的毛病，多半是父母沒能在孩子還小時便加強訓練，這不但會降低孩子的學習效率，還有可能帶給周遭人不便，甚至影響未來的處事能力。

然而，世界上幾乎每一個孩子都會有粗心犯錯的時候，即使是大人也不例外。但父母必須觀察孩子的犯錯情形，假使當他常犯同樣的錯誤時，批評、責備已經產生不了任何作用了。因為孩子們都知道這件事不對，但卻可能不知道問題所在，故父母這時便要找出問題癥結、對症下藥，才能徹底根除孩子的惡習。

以孩子因為鑰匙沒放好而掉出包包為例，當父母知道問題的關鍵後，接著就是一步步地解決。因此，父母可建議孩子將鑰匙放在包包裡時應注意拉上拉鍊，或者放在包包的暗袋裡等較不容易掉出的方法，幫助他解決問題；並且，應盡量避免責罵孩子如「你總是忘東忘西」等詞語，以免讓孩子真的替自己「營造」出「粗心」的印象。

根據心理學家指出，每當父母說孩子是一個粗心大意、丟三落四的人時，孩子便會漸漸接受這種指責。一旦孩子覺得自己就是一個做事不仔細、不小心的人，那麼他便會對自己的一切行為（做事粗心、不仔細等所造成的結果）感到正常，進而養成不良習慣，影響未來發展。因此，為孩子提供有效的建議並協助改進，有賴於父母的從旁引導與適度讚賞。

教養小貼示

其實，細心是培養孩子承擔責任的首要條件，而粗心大意便是缺乏責任心的負向表現，故父母要時常灌輸孩子「思維要縝密、細節要注意」的觀念，使其從中建立責任心，以在未來社會的競爭中立處不敗之地。那麼，要如何培養孩子凡事細心的習慣呢？

✔三少父母，培養孩子責任心

孩子粗心大意的最根本原因就是缺乏責任心。因此，父母應「少包辦」、「少關照」、「少提醒」，讓孩子多處理自己的事情，多承擔一些家事勞動，多做一些能力所及的事情，藉此培養孩子的責任心。

甚至有時候父母必須「鐵石心腸」地讓孩子吃些苦頭、受點懲罰，讓他們有所警惕。例如，讓孩子上學前整理自己的書包，如果他忘了帶用具也不要主動送去，讓他受點懲罰才會更加注意。

或者，在孩子外出之前，讓他自己準備外出所要帶的食品和衣物。父母則只做適當的提醒和指導，而不要全部包攬，也不要在孩子後面一直提醒，等他發現少帶了食品、少帶了衣物或落下別的東西而嘗到苦果時，自然就會吸取教訓進而加強責任心；當他下次外出時，便會多加留意了。

✔培養良好的生活習慣

若孩子的房間凌亂，作業字跡潦草、頁面不整，做事丟三落四、隨性而為，且出現思考缺乏條理、毫無邏輯等表現，就是典型粗心大意的孩子。因此，從生活中的小事做起，培養孩子良好的生活習慣，才能提升孩子的細心度。

而其常用作法就是讓孩子整理自己的衣櫥、抽屜和房間，培養孩子仔細、有條理的習慣；讓孩子安排自己的課餘時間和複習進度表，培養孩子有計劃、有秩序的習慣；透過改變孩子的行為來改變他的個性等。並且，當孩子表現良好時，父母應給予稱讚，使其正確習慣的持續度呈現正增強的表現。

✔培養孩子集中學習的習慣

有些父母不管孩子是否在學習，都會把電視開著，或者不時打斷孩子，這些作法都會造成孩子的干擾，使其不能集中注意力來念書。久而久之，孩子便會養成一心二用的壞習慣，如邊看電視，邊寫作業；或者戴著耳機，一邊聽音樂、一邊做習題等。因此，當孩子在專心做一件事時，應盡量給予他們安靜的空間，這不僅是對孩子的尊重，也是培養專注力的方法。

✔培養孩子認真的習慣

一般來說，粗心的孩子具有開朗、心寬、不計較的性格，而父母也應對此加以肯定，並鼓勵孩子繼續維持，但針對粗心的部分則要加強改善，引導他們朝向做事認真、謹慎的態度邁進。

「認真」是任何人做好一件事的前提，如果敷衍了事、草率收場，必定會衍生出一連串的問題。因此，唯有父母平日就開始培養孩子正確的習慣，孩子才能產生自我控制的能力，將「認真」當成永伴終生的標語。

過多保護，孩子缺乏挑戰力

教養關鍵 Q&A

Q. 孩子總是不懂得把握時機、挑戰自我，該如何讓他產生積極心態呢？

Ans. **盡量提供孩子必須獨立完成的事務、製造競爭機會，以激發其上進心。**

挑戰，邁向成功的墊腳石

人生是一場面對種種困難的「無休止挑戰」，也是多事多難的「漫長戰役」，但只要滿懷勇氣，勇敢向前衝，就能將挫折內化成提升自己的動力。因此，無論是在學習還是生活上，缺乏勇氣的孩子在追求目標時，主動性不高且會有所猶豫，並且信心不足而錯過原本屬於自己的成功和幸福，故沒有積極挑戰的勇氣可說是孩子成長道路上的絆腳石。

然而，每個人會因成長環境不同而影響性格與心態的發展，現今孩子多在父母的「保護傘」下成長，以致於出現嬌氣霸道、承受不了挫折、逃避問題、缺乏主動積極性等弊病。

教養專家強調，父母只有放手讓孩子獨立行走，他們才能在摸索與探險中表現出勇敢、鎮定、果斷的一面。甚至父母應當孩子的啦啦隊，為他們加油打氣、鼓勵他們向前邁進，使其「拾級而上」，勇敢追逐屬於自己的夢想，成為一個敢想敢做的人。

放手，勇於挑戰的助力

一位年輕媽媽牽著一個剛滿一歲的小男孩來到公園廣場前，在這兒必須爬上十幾個階梯才能到溜滑梯的頂端。這名小男孩掙脫媽媽的手，想自己爬上去，於是他用胖胖軟嫩的小手向上攀爬，而他的媽媽站在原地，絲毫沒有想抱他上去的意思。

小男孩才剛爬上兩個階梯就覺得很高，他回頭看一眼媽媽，但媽媽並沒有伸手扶他的意思，只是用充滿慈愛和鼓勵的眼神看著他，希望孩子能堅持到底。這時，小男孩抬頭向溜滑梯頂端看了看，他放棄讓媽媽抱的想法，並且手腳並用，開始努

力向上爬。

儘管他爬得很吃力，氣喘吁吁、臉蛋通紅，衣服也弄髒了，小手也都因沾滿灰塵而黑黑的，但他最終還是爬到頂端。這時，年輕媽媽上前拍掉兒子身上的土，在那紅通通的小臉蛋上親了一下，稱讚了孩子勇往直前的不懈行為。

而這名小男孩，就是後來的美國總統亞伯拉罕．林肯（Abraham Lincoln），他的母親就是南茜．漢克．林肯！

看看林肯的家庭環境，他的父親是位農民，因家境貧窮，所以林肯只能斷斷續續地接受正規教育，期間加起來還不到一年。但林肯從小就養成了熱愛知識、追求學問，以及建立善良正直、不畏艱難的正向心態。由於他買不起紙和筆，於是便利用木炭在木板上寫字，或者將路邊的小木棍撿起來在地上練字。此外，他還會利用瑣碎時間看書學習、練習演講，絲毫不因環境因素而放棄。

但是林肯的命運多舛，他做過工人，也失業過。並且，他從二十九歲開始，便競選議員和總統，加總起來共嘗試了十一次，也失敗過九次。但在他努力不懈、積極挑戰的衝勁下，終於在五十一歲那年問鼎白宮，而他任職期間也獲得良好政績。

分析林肯成功的原因，在於母親的「放手」教育！她讓孩子嘗試任何事，並鼓勵他勇往直前，教導他要把握機會、敢於挑戰；其實反過來想，若林肯的母親事事都伸手幫助他的話，或許他就沒有如此輝煌成就了。

每位孩子的成長過程就如同走階梯般，隨著時間的推移，孩子走過的階梯便會增加，但其行走的方式關乎心態的養成，當父母是攙扶著孩子向上走，他們將會依賴父母而無法獨立，甚至出現消極、逃避、依賴的偏差性格，未來將難以在社會上立足；但孩子若是倚靠自己的力量一步一步慢慢往上爬，孩子將能加速發展自己的能力，並懂得獨立行事，培養出積極向上、勇於接受挑戰及把握機會的正向心態。

因此，平時飯來張口、衣來伸手，上學接送、晚上陪讀的孩子，即便考上大學後，也會因自己難以打理生活而要求父母跟著當「保姆」；甚至當孩子大學畢業後，父母又會幫忙找工作，諸如這種凡事依靠父母的孩子是難有作為的。當然，這種情形在現實生活中也確實存在。

然而，父母若能讓孩子自己去攀登這人生階梯，並在旁給予加油鼓勵，即使他摔了很多次跤，也能從絆倒的過程中，累積經驗與教訓，進而鍛鍊意志，這對孩子的成長來說受益無窮。

教養小貼示

愛護孩子，就要讓孩子適時地受點苦、磨點難，當孩子遇到難以攀登的「階梯」時，請先給足孩子勇氣，讓他自己爬，使其一鼓作氣地登上光輝頂端！究竟，父母有何方法，能讓孩子勇敢向前而不退縮呢？

✔自主能力的培養

首先，父母應注重對孩子獨立與自主能力的培養，鼓勵孩子獨立完成能力所及的工作，使其學會照顧自己。而當孩子遇到困難時，父母不應全面包辦，試著相信孩子，讓他想辦法解決。

然而，父母也應拿捏放手的分際，一開始要先給予必要的指導，接著慢慢讓孩子學會處理各種事情；若父母完全放任不管，將會使孩子手足無措，變得更加膽小。

舉例來說，當幼兒學習拿杯子喝水時，父母可先示範拿水杯的方式，接著握著孩子的手，協助他拿好，當孩子練習到一定程度後，便放手讓孩子自己拿，以此循序漸進的方式教導孩子，他們才能透過自己的力量來達到目標。

✓鼓勵孩子與人交遊

父母應多鼓勵孩子與人交往並以身作則，帶領孩子向他人打招呼。親子專家表示，父母應特別注重孩子與開朗活潑的同齡人交往，參加社會公益活動，以貢獻一己之力。並可藉助家庭、學校、孩子的同學、親朋好友的作用，提供孩子良好的社交平臺，以從中培養人際交遊的能力，使其與同伴能有互助合作的態度，進而發展積極樂觀的心態。

✓怯懦的孩子應多讚揚

面對膽小的孩子，父母切忌將其與同齡孩子進行比較或辱罵，如此將會使孩子更加自卑。正確方式應與孩子進行不斷的溝通，針對孩子的良好行為給予鼓勵和讚揚，幫助並引導孩子努力克服自身弱點。當孩子因膽怯而出現緊張的情形時，父母應幫助孩子緩解壓力，以運動、轉移話題等方式緩和孩子緊張的情緒，使其心靈能健康成長。

越權決定，孩子不懂適時拒絕

教養關鍵Q&A

Q. 孩子對任何事總是默默接受，不懂得拒絕他人，究竟該怎麼辦呢？

Ans. **還給孩子「選擇」發球權，不要代替他決定任何事！**

教孩子說「不」

我有一位鄰居的小孩，名為「小堅」，他是個靦腆內向的孩子，從不和其他小朋友爭玩具，即便他正在玩自己的玩具，但只要別人要求，他也會默默給他，絲毫不會反抗。

有一天，小堅騎著腳踏車到公園玩，其他小朋友看著小堅那台變速腳踏車很感興趣，於是其中一位小朋友便跟他借來騎，而小堅也只好默默點頭，下車讓這位小朋友玩。沒想到，其他人看到這位小朋友這麼輕易就借到車，便也紛紛跟小堅要求騎車，而小堅也全部答應，看著小朋友一個個輪番上車，自己則只能在旁乾等，小堅的臉上寫滿了無奈。

好不容易車子還回來了，但小堅才剛握住把手，又有一個小孩嚷著要騎車。沒想到這位小孩騎得特別久，小堅心想時間很晚，該回家寫作業了，但又不敢過去請他把車還來，於是便在旁邊著急等著。

剛去超市回來的媽媽看到小堅又把自己的車借出去而不敢要回來，便因孩子的懦弱與不懂拒絕別人請求而感到心疼又生氣，甚至也擔心孩子的物品被強行取走的次數過多，會讓孩子越來越怕與人相處，使其個性更為內向。

一想到這兒，他的媽媽便直接走到那位孩子旁邊，替小堅把車子要了回來。而那孩子在還車的時候，還小小嘀咕了一聲：「真小氣。」其他小朋友則是一看到小堅的媽媽在旁邊，也都散開了。

媽媽邊把車牽回來時，還邊大聲對小堅說：「你真沒出息，自己的東西，你想玩就玩，不想玩就不要玩，怎麼反而被其他孩子搶來搶去，自己都不說話！」聽完媽媽的責備，小堅頓時出現一種無形的壓力，他低著頭，一聲不吭。儘管小堅騎著腳踏車，但很明顯地他並不開心。

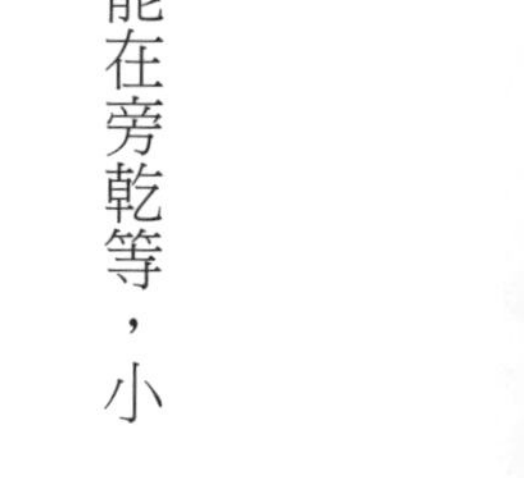

聽完這則事件，我認為小堅根本不願意借出他的腳踏車，但是因為他的膽子小，不敢拒絕別人，於是便勉強自己借出去。而小堅媽媽則是看到孩子在旁乾等的為難神情，既是心疼孩子玩不到腳踏車，又生氣孩子不敢去跟他們要回來，於是為了維護孩子的權益，便「越俎代庖」，代替孩子將車子拿回來，而小堅媽媽這麼做的結果並非保護孩子，反而是剝奪了他學習「拒絕」的機會，這將使得小堅的膽子越來越小，也越來越不敢開口說「不」了。

其實，小堅不懂拒絕別人的情形是其來有自的。他的父母經常幫他做很多事，甚至替他做決定，以致於孩子不知該如何拒絕他人。例如有時我在他家做客，每次看到他家裡來了小朋友後，小堅的媽媽就會讓孩子表現出好客的模樣，於是當別的孩子想要玩孩子手上的玩具或點心時，她便會因出於禮節而教孩子禮讓他人，並極力說服孩子放棄手上的玩具或點心，來滿足其他小朋友的要求。而這種作法只是為了讓別人覺得父母的教育很成功。但從孩子成長的角度來看，父母的作法卻剝奪了孩子自己做主的權力，長久下來將使孩子過於壓抑自己的需求，最終將會造成孩子無主見，隨著他人意見而生活的不良後果。

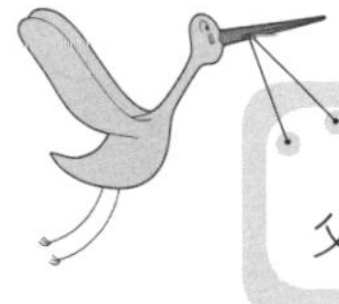

要謙讓，但也要會拒絕

謙讓雖說是美德，但父母應知道孩子最終要走向社會，並在團體中生活以及與他人互助合作。因此，懂得與他人分享，才能獲得別人的信任、支持和尊重，故父母應教導孩子學會與他人分享，養成慷慨、大方、謙讓的美德，而不是擅自為孩子決定一切，絲毫沒有考慮他們的需求及心情。

其實，孩子在與小朋友自主交往的過程中，能學會拒絕別人，也就能更友好地與他人相處。而父母應教會孩子如何平和、友好、委婉與商量性地拒絕別人的要求；同時泰然自若地接受他人的拒絕，而不是為孩子解決、包攬問題。因此，教孩子學會拒絕，是父母對孩子獨立性和自主精神培養的更高層面。

「拒絕」是一門藝術，更是評估自己能否承擔責任的重要關鍵，假使孩子不懂得拒絕，那麼往後進入職場，當同事交付他們一項已超出能力範圍之外的任務時，會因不敢拒絕而勉強攬在身上，倘若無法履行職責，反而會帶給自己更大的困擾並連累同事。因此唯有父母讓孩子學習表達與拒絕，教導他捍衛自己的權利，孩子才能在未來的人生道路上懂得保護自己。

教養小貼示

孩子在學習拒絕的過程中，父母必須積極引導孩子以清楚且理性的語言來表達，孩子才能受益終生。以下為專家建議的作法，以供父母參考：

✔教孩子坦然接受他人的拒絕

在日常生活中，父母應從孩子小的時候開始，便強化其一個觀念——別人的東西不屬於我，我的東西也不屬於別人。故教導孩子當自己的請求被拒絕時，應坦然接受；甚至當自己的物品不想借給他人時，也要以明確但委婉的方式來表明。

委婉的拒絕技巧不但不會傷害到彼此間的關係，甚至還能維護自己的權益。因此，父母應教導孩子在拒絕他人時，態度不可生硬、話語尖酸，並請孩子以迂迴委婉的方式說明自己的實際情況，在既不違反主觀意願的情況下，給對方一個可以接受的理由，以下提供三種教導孩子「拒絕」的技巧：

1. 教孩子學會用商量的語氣

教導孩子在拒絕別人時，應利用商量、討論的方式與對方達到共識，以巧妙拒絕對方，避免衝突。

以前述小堅的例子來說，可教孩子以和善態度先表明自己的需求，再與他們商量、分配玩樂時間，如「我想我們先分配騎車時間，每個人騎十分鐘；因為我也才剛騎，所以十分鐘後再換人」，以討論、商量的語氣達到共識。

2.教孩子善用轉折語氣

當不方便正面拒絕時，可以採取迂迴戰術或轉移話題，甚至以其他原因作為不便答應的理由。但態度要好，以免造成雙方關係僵硬。

例如小堅若不想借出腳踏車，可利用其技巧來回絕他人，如「我也很想和你們一起玩，但我等一下就要回去寫作業，所以可能沒辦法借你們騎了」等，以此委婉方式拒絕。

3.教孩子學會延遲別人的請求

孩子如果當下無法決定能否答應他人的請求或是有些為難的情況時，父母可教孩子以「我想好了再跟你說」、「我再考慮一下」來先延遲別人的請求，等到確認自己的意志與說法時，再委婉地拒絕他人。

將其對應到小堅的例子上，可教導他先不要拒絕別人，以溫和語氣表示

「我邊騎邊考慮」、「等一下再跟你說」等，讓孩子們先延遲欲望的達成，之後再委婉拒絕其要求。

✔讓孩子堅持自己的決定

有些孩子不敢拒絕朋友的要求是因為害怕別人不跟自己玩，甚至被孤立。於是，當別人要求時，他就會拱手奉送；不過，孩子大多會在事後後悔，這種情況常會發生在年齡較小的孩子中。故此時就需要父母培養孩子的果決心態，為自己所說的話、做的事，勇敢承擔責任，即便自己因拒絕朋友而受到冷落，也不要因此反悔，否則孩子依舊會出現不敢拒絕他人的行為。

✔教孩子正確認識「面子」

孩子不敢拒絕他人的原因中，「顧面子」也是他們的考量之一。例如，別人向孩子借錢玩遊戲時，他們會為了面子而借給對方。甚至，有些比較沒有主見的孩子還會因他人的慫恿，而去做不合法紀的事情。因此，父母有其責任教導孩子明辨是非，學會「面子」的正確區分，以保障自己與他人的權益。

擎天小語錄

・「漸進式的挫折，才能培養出穩固的挫折耐受力！」

・「協助孩子找到自我價值，以發揮挫折耐受力的極致！」

・「拋開舒適的暖窩，走出更寬廣的人生體驗！」

・「正向思維，讓生命擁有無限可能！」

・「放下得失心，找回熱情的初衷！」

第2章

過度受寵的小皇帝難自立

~挫折，孩子成長的催化劑

安逸生活，使孩子懦弱

教養關鍵Q&A

Q. 當孩子遇到挫折請求父母協助時，該如何處理呢？

Ans. 適時放手讓孩子自己解決，給予孩子磨練機會！

磨練挫折耐受力

還記得前幾年的春天，我正在補習班解幾何數學的題目，一位學生因遲到而匆匆忙忙地進教室，看到他緊握的手好似捏著東西，便好奇詢問。只見這位學生一打開他的右手，全班學生就趕快湊過去看，原來那是一個蝴蝶的蛹，他說是學校老師請他們觀察蝴蝶破繭而出的過程，以當作期中報告成績。過了一個禮拜，我好奇地問了這位同學蛹的狀況，結果卻見他有些難過地說：「前些天，蛹裂了一條縫，我看到幼小的蝴蝶因蛹殼卡住身體而掙扎著，因為不忍心看到牠受苦，所以我拿了小刀將蛹殼的縫割開一些，沒想到這隻出蛹的蝴蝶，翅膀乾癟，發育不良，一問生物老師之下才知道蝴蝶必須經過破蛹的痛苦折磨才能展翅高飛，但卻因為我的不忍，讓這隻蝴蝶沒有經歷破蛹的掙扎來訓練牠的翅膀與體力，以致於牠出來後根本飛不上天，沒過多久便死了……」

聽完這位學生的描述，我的腦中突然浮現一句話：「不經一番寒徹骨，焉得梅花撲鼻香！」延伸到孩子的教育亦是如此，當小小孩不會繫鞋帶、當孩子因買不到玩具而大哭，甚至是往後所遇到的問題或挫折時，父母若事事包辦，孩子又該如何培養解決問題與面對挫折的能力？甚至是在未來的生活中自立？

在早期的傳統社會裡，因物質缺乏，所以父母必須辛苦賺錢養家，而孩子當然也要幫忙分擔家務，故促使他們從小學會獨立與自理；反觀現今，物質不虞匱乏，再加諸父母容易心疼孩子遭受委屈與挫折，故當孩子有所求時，父母必當有所應，因而造就孩子軟弱、缺乏獨立性，甚至是過分依賴父母等情形。因此，我認為父母一旦發現孩子性格上出現缺陷時，就應立即進行協助和正確引導。

孩子自小就要「磨練」，意即對孩子的性格進行磨礪、鍛鍊，培養孩子堅強的意志。回想古今的教育權威，皆提倡父母應讓孩子學習從生活中歷經挫折的洗禮，以建立堅毅的意志並練就危機處理的反應力。如十九世紀的德國神童小卡爾・威

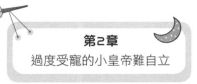

特，父親從小就培養他解決困難的能力。在小卡爾．威特三歲時，父母要帶他去聽音樂會，但他因鞋帶繫不好而大哭大鬧，後來父親便對他媽媽說：「好吧！卡爾不會穿鞋，那他今天就不去了，我們兩人自己去吧！」聽到父親這麼說，小卡爾．威特馬上大叫說：「我要去，我馬上就穿好！」接著，在媽媽的鼓勵與教導下，小卡爾．威特終於繫好鞋帶，從此以後他便知道哭喊不能達到目的，唯有面對，才是解決之道。

反觀現今衣食無憂、備受百般呵護的孩子，在性格與品行上，或多或少都有些價值觀的缺失，因而才會出現「溫室裡長大的孩子無法自立」的警示，故父母在教育孩子時，務必割捨自己的不忍之情，儘早讓孩子獨立才能杜絕懦弱與任性的負面性格。

減低耐挫力的教育禁區

事實上，孩子的成長過程相當於他個人克服自身性格缺陷的過程，而因其父母的不當教育所導致的性格弱點，將影響其未來的學習態度、人際交往、職場上的應對進退與受挫能力，甚至是影響教育下一代的觀念，故當孩子擁有良好的基底時，

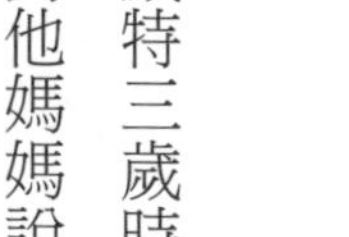

才能確保其未來健全的發展，並將正確觀念傳承下去。

美國的教育專家更針對性格懦弱的孩子進行研究，發現父母的教育方式是影響孩子性格發展的首要關鍵，以下將總結三項因素，供天下父母們在教育孩子時有所依據與參考：

1.不恰當的稱讚將使孩子的性格呈現負增強

表揚的用意是對行為的鼓勵和肯定，這將對孩子的心理與性格產生強化作用，若父母給予孩子不適當的表揚，將會使其行為朝不良方向發展，若孩子性格一旦定型，將會影響終身。

諸如「不錯，很好」是一句稱讚詞，但用錯時機會阻礙孩子的認知能力。教育專家們皆提倡對孩子實施讚賞教育，但我認為父母若沒有認真看待孩子的表現而胡亂誇獎一番，不僅產生不了積極作用，甚至會讓孩子覺得父母沒有尊重他。事實上，誇獎要適時、適度，對成人來說道理亦同。假設我們很認真地和主管報告企劃，但是他並沒有專心聽而是做自己的事，當你報告完後，他只簡單說了句：「你說得很好，就交給你執行吧！」雖然看似得到主管的認同，但實際上卻沒受到理解與尊重，而反觀孩子的教育，亦是如此。

此外，根據研究指出，在過度且無意義的讚美環境下所成長的孩子，往往經不起失敗的壓力，並且會更加害怕挑戰，因為怕自己失敗了，就再也聽不到讚美之詞，故在此建議父母讚美的技巧——針對孩子所做的事，具體且明白地表現讚賞。如此一來，孩子不僅能體認到父母的關切之情，也能在接受他們的真心讚美中培養自信。

2.負面暗示與恐嚇是孩子懦弱的起源

大多數的家長或許都出現過這種情況，當孩子不聽話或吵鬧不休時，為了制止他，便會說出「你再這樣，等下叫警察把你帶走」、「再不聽話，叫那位警察叔叔把你抓去關」等恐嚇語。也許對年幼的孩子來說可能立即見效，如哭鬧的小孩立即安靜，做壞事的孩子則立即停止，但這僅止於「治標不治本」，因為他們停止活動是出於害怕，並非意識到自己的錯誤而停止。

提出自然教育法的**M.S.**斯特娜（M.S. Shiterna）表示：「用可怕的故事、言語來威嚇孩子，會使其情緒舉止失常，且由於孩子相當信任父母，會將他們的話信以

為真，因此經常說威脅性話語會使孩子性格偏向懦弱、膽小怕事。」所以，父母應當注意引導，切記不可講述負面語句來恫嚇他，以培養孩子正確的觀念及自信。因此，教育的目的在於幫孩子找出問題、解決問題，而不是以權威性、帶有恐嚇的口吻來壓制孩子的行為。

3.過分寵愛是孩子膽小與自大的後果

其實，父母的過分寵愛是造就現今任性小皇帝的主因。也許是出自心疼孩子受到挫折，或擔心孩子沒有能力處理事情，所以容易給予他們過多的關心，其實這將產生兩極化的情形，一是容易使孩子以自我為中心，變成一個自私的人，並認為大家都應該尊重他，以他為中心而變成自大之人；另一種則是膽小懦弱，認為自己沒有能力做好任何事，使其出現消極、自理能力較差的情形，並缺乏成就感來培養孩子自信，久而久之將變成自卑。

美國研究教育學的專家派克（Packer）也認為：「嬌生慣養將容易造成人格缺陷。一個人的人格缺陷屬於個人問題，但若是許多人的人格缺陷，將會成為社會問題。而人格缺陷若是一代傳一代，未來的社會景況便難以想像。」其實，美國與華人家庭教育的最大差異在於華人父母通常是「孝子」（意即對孩子的需求百依百順的效勞）；反觀美國的父母，他們通常不會溺愛孩子，並且知道何時該拒絕孩子，適時對他們說「不」，讓孩子懂得以自己的能力來滿足自己的需求。

父母不能陪孩子一輩子，因此讓孩子面對失敗、打擊與挫折，是累積實力、以堅忍心志來克服困難的關鍵，故當孩子遇到問題時，父母應引導他們解決障礙，以積極、正面、鼓勵的話語來激發孩子自信，使他們勇於挑戰生活中的困難，從中建立起自信。

教養小貼示

根據專家建議，當孩子出現唯唯諾諾的膽小性格時，父母可採取以下對策，使其從中產生勇於面對難題的勇氣，訓練其堅強意志，提高問題解決力。

✔鼓勵孩子發表意見的機會

父母應盡量避免在孩子面前說「你必須這樣做」等阻止孩子發表「異見」

的話語，而應多說如「你認為呢」、「說說看你的想法」，鼓勵孩子發表意見；即便孩子的想法有缺陷，也應以「你能勇敢發表很棒，但若是這部分能改成……」等說法幫助孩子修正想法。

✔「少多法則」支持孩子大膽做事

所謂的「少多法則」就是父母的放手程度與孩子培養的技能呈現反比成長。意即當孩子隨著年紀的增長，父母的保護要越來越少，就如同學步的幼兒，一開始需要扶著走，接著是半扶半放，最後則是放手讓孩子自行行走。

✔鼓勵內向孩子與社會接觸

父母應盡量讓孩子與社會接觸，並且帶孩子與鄰居、親戚朋友多交流；甚至帶著孩子欣賞大自然、開拓眼界，培養豁達胸懷。

磨練後的孩子懂得惜福

教養關鍵 Q&A

Q. 孩子總是懶惰不做事，期望別人幫他張羅完整，該怎麼解決這個問題呢？

Ans. **適度讓孩子有所缺乏，讓他知道每件事物的可貴！**

培養惜福之心

許多父母深怕自己慣養而造就出任性、浪費的孩子，故每到寒暑假就會安排如體驗貧窮、露營等須自立自強的課程給孩子，讓他們知道出現問題時必須靠自己解決，以磨練孩子的意志；避免讓他們太過輕易達到目的而不懂感恩，藉此培養孩子惜福的心。

已故的「經營之神」王永慶，儘管擁有天文數字的財富，但依舊奉行簡樸生活，並身體力行地做兒女榜樣，過著不浪費、杜絕奢華的節儉生活。他也一再強

調：「教育兒女必須以身作則、身體力行。」即便他的成就享譽國際，但他時時警惕自己飲水思源、勤勞，因此不僅一星期辛勤工作七天，一天還要忙碌十多個小時，以精益求精的態度做好每一件事。

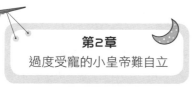

普遍大眾都認為富可敵國的王永慶，兒女一定過著奢華富裕的生活。其實不然，王永慶在孩子還小時，就沒有給太多的零用錢，並要他們謹記「工作認真」、「勤勞樸實」、「簡單衣著」、「為人謙虛」的四大教誨，杜絕他們出現富家兒女的嬌氣與奢侈。而王永慶一家人也確實如同一般家庭，其妻子經常親自料理全家人的三餐，女兒則是從旁協助；此外，當有客人來訪時，兒女奉茶侍客更是應盡之事。因此，在家庭生活裡，王永慶卸下「經營之神」的面具，回歸一個平凡且盡職的父親角色，教導兒女必須謙虛不忘本的人生道理。

還記得有一年的過年，親朋好友到家中拜年，姪子不小心打翻果汁，灑了滿桌，只見他的媽媽趕緊抽了好多張衛生紙幫忙擦拭，而姪子則繼續在旁玩他的玩具，結果衛生紙被抽到只剩半包，雖然她對我深表歉意，但其實我認為只要借用廚房的抹布擦桌子就能節省不少衛生紙。見到這副情景，不禁感嘆媽媽幫孩子善後又如此浪費資源，孩子又該如何學習自理，媽媽又該如何以身作則教孩子珍惜萬物呢？

「我可以」是邁向獨立的關鍵

我有一位研究幼兒教育的朋友，他不久前到美國一家幼稚園視察其教育體制，當時正好是下課時間，所有小朋友都跑出去玩了，只見一位小孩蹲在地上吃力地穿著鞋子，動作相當不熟練。於是，朋友走到這位孩子的身旁，親切地說：「我來幫你吧！」（其實這項「協助」舉動對我們來說是司空見慣的事情）但沒想到這位小孩立刻拒絕，並說：「我都四歲了！」他的意思顯而易見——我自己可以完成！

其實孩子潛藏著無限的爆發力，諸多國外教育專家如英國心理學家托尼．布贊（Tony Buzan）、美國心理學之父威廉．詹姆斯（William James）等也認同此一道理。他們表示，應讓孩子多接受不同的挑戰與問題，才能磨練他們的意志，強化各種能力。並且，孩子必須在成長過程中學習獨立，讓他們獨立思考、獨立決策、獨立做事，才能擺脫對父母的依賴性；此外，還要提供他們獨立成長的空間，才能學會依靠自己的能力來滿足需求。由於每個孩子都喜歡探索、冒險，如果父母從小根基孩子取得不易的觀念，他們就更會懂得惜福的重要性。

孩子要受點苦，才懂得珍惜，而這裡所指的「苦」就是讓他們多歷經風雨、實踐，即便摔倒了也要自己爬起來，失敗了也要重新站起，當達到目標時，他們的能力才會真正的發揮出來。現今茶來伸手、飯來張口的孩子也不少，而他們也不過是安逸教育下的犧牲品，這些孩子都具有凡事找父母、強烈依賴性等特質，認為天下事物都是「得來全不費工夫」，結果造成他們不負責任的性格缺失。

愛孩子並非完全滿足孩子的需求，而是適時地給予機會讓孩子有成長的空間，而父母作為堅強的後盾、精神的指標，以及孩子最初的啟蒙老師，應在孩子身後給予他最大的支持與信任；並且越早放手讓他們體會各種經驗，才是對他們最大的愛。

反觀凡事都為孩子承擔、有求必應的父母才是為孩子造就出不負責任的罪魁禍首，因為父母們在不經意間剝奪了孩子成長的權利，故當孩子有一天必須獨自面對生活的時候，這種溺愛就成了影響他們獨立和培養健全人格的殺手。

宋朝哲學家張載曾說：「艱難困苦，玉汝於成。」期望孩子能成才，就要不回避「艱難困苦」，方能「玉汝於成」。讓孩子在溺愛、物質充足的情況下成長，看似愛之，實則害之！

所以，讓孩子在困難和挫折中得到錘煉，用種種經驗來累積實力，才能體會到以自己的努力所獲得的成功，進而懂得珍惜。並且，孩子的意志、品格與心態，經過磨礪、鍛鍊後將能提升自我價值，並在艱苦奮鬥的過程中，獲得經驗與啟發，進一步為自己的能力加分。

教養小貼示

教育孩子並非單單看重孩子的能力，因品格教養已有越顯重要的趨勢，故期望孩子保有感恩的心，除了父母必須以身作則之外，幫孩子安排活動、體驗「付出才有收穫」的道理，更是教養的重點。故以下提出幾點供父母施行，讓孩子懂得惜福、感恩，杜絕孩子任性、浪費的行爲。

✔幫忙分擔家務

社會心理學家約翰·迪法蘭（John De Frain）曾問過一百名學齡兒童：「怎麼樣才算一個快樂家庭？」結果孩子的回答令人出乎意料之外——與家人一起活動。

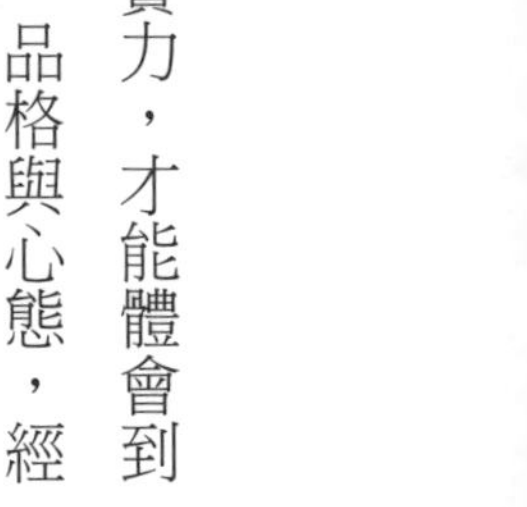

當孩子被分配到做家務時，不僅能從中體會父母的勞動艱辛，感恩父母的付出；更能在完成家務的成就感中，增加孩子的信心，培養負責任的心態。

✔讓孩子自主安排活動

父母可適當讓孩子做主，找某一天的假日請孩子安排活動，做這一天的主人，張羅所有事務。

例如當孩子安排今天要去動物園時，可請他列出交通方式、三餐分配；而十歲左右的孩子，則可讓他再列出預算，培養理財觀念。此時，孩子不但能從中體會到每個活動安排所需注意的細節，培養細心度，更能建立孩子「預算」的理財概念，以減少浪費行為。

✔參加群體活動

經常帶孩子參加社區或公益團體的活動，樹立關心他人的憐憫之心，進而認知到自己的幸福，如讓孩子了解原住民資源缺乏的情況，鼓勵孩子捐出物品協助他們；或者，也可請孩子一起幫忙打掃社區整潔，使其體會打掃道路義工的辛勞，進而懂得感激並培養主動幫助他人的行為。

最好的成長禮物：挫折

教養關鍵QA

Q. 當孩子因不小心的失誤而失敗時，該怎麼幫助他恢復情緒與信心呢？

Ans. 肯定孩子的努力，分擔他們的難過，鼓勵孩子再接再厲！

別為「不小心」貼上負面標籤

沒有人可以全然順利地度過一生，在獲得掌聲的背後，其實都背負著不為人知的挫折印記。我們應該讓孩子知道，成功者往往不是與生俱來的英才，而是那些平常就在付出的施予者。

人生在世總會有風有浪，父母不可能永遠扮演孩子的避風港，給予他免於傷害的保護，唯有讓孩子歷經風霜，從中汲取經驗以解決問題，他們才能在未來的路途

中克服坎坷。

在王浩國小四年級時，我曾去觀賞他們學校的運動會，當時他們大隊接力的最後一棒是由班上的「飛毛腿」——阿偉來擔任，但因比賽過程中，阿偉不小心掉棒，導致班上成績變成第二名。阿偉也因此相當自責。但我看到他的媽媽不僅沒有安慰他，還怪他因自己的「不小心」而影響全班成績。儘管阿偉低著頭，不發一語，但誰都能看出他的落寞與傷心。

其實，阿偉沮喪的表情，代表他早已意識到自己的錯誤，這時他只需要媽媽的理解就夠了。但沒想到媽媽卻是不斷地責備，這不僅讓他更懊惱，甚至阿偉媽媽的責備還替孩子貼上了「負面標籤」，我想這是讓孩子最難受的。

其實，父母的反應是最主要的教養重點，我認為阿偉媽媽這時首先應對孩子表示同情，共同分擔他的失望、挫折、憤怒或難過的情緒，並給予盡了最大努力的孩子肯定，以維護他的尊嚴與自信。其實，阿偉媽媽可表示「我知道你盡力了，而這一點才是最重要」等，諸如此類的鼓勵話語，以反映自己能理解兒子的難過情緒，支持他們繼續努力的信念。

讚美建立自信

談及教養，最盛行的就是讚美教育。告訴孩子「你真棒」，是這個世代的父母們最為熟悉的教育方式，但現今孩子普遍承受不了挫折，其重點在於孩子不知如何正確面對失敗，並在失敗時趕緊調適心理。

因此，應讓孩子了解生活中的挫折無處不在，包含其成長過程中，要面臨對物欲的限制、和同儕相處的衝突、玩遊戲的失敗、考試成績不佳……等情形，以日常的生活遭遇，讓孩子了解達到目標時所會歷經的挫折，進而使其擺脫對父母的依賴，增強困難承受力，培養孩子不怕挫敗、持續到最後的堅毅精神。

另外，我也常見到一些孩子因太過在意他人的眼光與批評，而導致自尊心受損、不願與他人交往的情形；甚至，當自己犯錯時，不僅沒有勇氣承認，被他人指出過失時，還會出現被否定的挫折感，而這些其實都是源自於父母的教養方式。意即父母怕孩子受到委屈，所以孩子做錯事時，父母也不會加以指正與責備，久而久之，便使孩子只聽得進讚揚的話而不能接受批評的不良心態。

然而，在此也要提醒父母，當指正孩子的錯誤時，批評要適當、中肯，避免過於嚴厲或否定孩子的整體價值，如「真沒用」、「沒一件事做得好」等，而損害孩子的自尊心。

教孩子自己找答案

素人歌唱選秀節目《超級偶像》的參賽者羅晴，從海選到七強賽，歷經八個月才確定被淘汰，一直以來她都是「失敗區」的常客。儘管如此，生性樂觀、不被挫折打敗的羅晴卻從不氣餒，因為她有位凡事不包辦、讓孩子自己找出答案的媽媽。

她的母親是知名作家彭蕙仙，從小就教羅晴儘可能自己試著想辦法解決問題、做決定；並認為孩子獨立思考的能力，非瞬間表現就能馬上「長出來」的，唯有從孩子還小時，一點一滴的培養，他們才有獨立思考的一天。

日前，我曾在電視新聞上看到一位中國赫赫有名的建築業集團總經理，他說在他三十五歲以前，只是一個平凡的農民，不僅親戚朋友對他冷眼相看，甚至他的妻子也經常數落他。後來，他投資小本生意，短短十年內，擴張成資產高達上億元的私營企業。

而《湖南日報》的記者也採訪他：「如果你出生在環境優渥的都市，並受到良好的教育，現在的成就或許會更大吧？」只見他沉默了一會兒，說：「也許吧！但我相信，如果我不是生活在農村，沒有經歷過那麼多的困難，而是像其他人一樣有衣服可穿，有房子可住，甚至被人們看得起，我想我會在安逸中度過日子，絕不會自己投資開業。因此，從這層意義上來說，我要感謝生活所帶來的磨練。」

確實，生活有時就像魔術般變幻出令人難以置信的結果，沒人料到平凡無奇的農民竟能搖身一變，成為建築集團的總經理。而從這位總經理的經歷也傳遞父母一項訊息，苦難並不意味著永遠的困境，幸福也並不意味著永恆。人們最出色的時刻往往是在逆境中產生，並且思想上的壓力以及肉體上的痛苦，都將可能成為我們精神上的興奮劑。

因此，我建議父母應幫自己的角色作定位，如有時是提供挑戰的人、有時是幫助孩子解決問題的智囊團，甚至有時是當孩子遇挫沮喪時的休息站。而孩子在此過程裡，也能從父母的支持，獲得面對挫折的力量。

教養小貼示

從孩子的發展需求來說，挫折可謂是伴隨孩子成長的每一步。而有意地讓孩子吃點「苦」和受點「累」，有利於孩子勇敢面對困難，正視挫折並提升克服困難的能力。以下將提出四點供父母爲孩子進行挫折教育：

✔引導孩子認識挫折

在生活中，孩子有各式各樣的活動，而當孩子面臨困難時，父母應讓他直觀地了解事物的發展過程，並從反覆的體驗中逐步認識挫折普遍存在於任何情況中，並藉由克服困難的喜悅裡為自己增加自信。

例如孩子在寫數學題目時，碰到難題無法解決，這時父母不應直接解答，而是以引導、暗示的方式讓孩子思考，從中找尋答案，藉由小地方來培養孩子的挫折忍受力。

✔設置困難情境來提高孩子的挫折忍受力

在孩子的生活、學習活動中，父母可隨機利用現場情景，或模擬日常生活中經常出現的難題，讓孩子根據自己長年累積的生活經驗來克服困難、完成目標。

根據教養專家表示，當孩子由「不會」到「會」，經歷了由「別人幫助」到「自己完成」的過程後，心靈上會獲得滿足感，同時也將鍛鍊出其自理能力。

因此，當父母創設一些情境，如把孩子喜愛的玩具藏起來讓他們尋找、請孩子到黑暗處取物品時，也必須考慮孩子的身心狀態以及困難適度與否的問題，以免挫敗傷及孩子心靈，以下為設置挫折時必須注意的條件：

1. 挫折必須適度和適量

設置的情境雖然要引發孩子的挫折感，但也不能太過強烈而傷害孩子的心靈。

正確方式應為循序漸進，再逐步增加難度；此外，孩子每次面臨的難題不能太多，否則過度的挫折會損傷孩子的自信和積極性，使其產生嚴重的受挫感，進而失去探索的信心。

2. 適時鼓勵孩子

當孩子遇到困難而退縮時，要鼓勵孩子，並當孩子做出努力、獲得成績

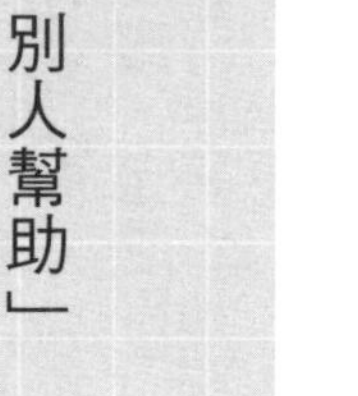

後，立即給予肯定，讓孩子體驗成功所帶來的信心，以面對未來的困難。

以我兒子練習三分球投籃為例。那時他不停失誤，沮喪的神情顯而易見，我拿著礦泉水給他喝，先讓他休息一下，並跟著他一起練習；後來，他突然投進一顆三分球，我便順勢稱讚他，鼓勵他再接再厲；而隨著稱讚次數變多，兒子的進球次數也慢慢增加。從這次的事例當中，我更加肯定讚賞為孩子所帶來的正面魔力。

3. 疏導孩子的難過情緒

對陷入嚴重挫折情緒的孩子，要及時進行疏導，防止孩子因受挫而產生失望、冷漠等不良心理反應。必要時，父母可協助孩子一步步實現目標，使其增強自信。

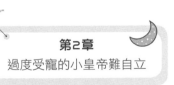

✔榜樣教育增強抗挫力

在日常生活中，可向孩子講述一些名人在挫折中成長並獲得成功的事例，如海倫凱勒、愛迪生、貝多芬等，讓孩子以他們作為榜樣，培養不畏困難的堅忍意志。

另外，父母也要注意自己和老師的榜樣作用，在孩子眼中，父母和老師非常偉大，無所不能，因此他們面對挫折的態度和行為，將在潛移默化中影響孩子的觀念；此外，同學、朋友也是孩子的「老師」，故師長應表揚學生們的良好行為以樹立榜樣，讓孩子向他們看齊。

✔「鼓勵」，減低孩子的受挫意識

孩子只有不斷得到鼓勵，才能在困難面前淡化和減低受挫意識，獲得安全感和自信心。

因此，父母可多說如「我相信你可以」、「再試試看」等肯定性語言，並多鼓勵孩子做自己能力所及之事，一旦有進步便要立即予以表揚，強化其行為，隨時表現出肯定和相信的態度。專家表示，父母、師長的鼓勵和肯定，既能降低孩子的受挫意識，甚至還能提高他們繼續嘗試的勇氣和信心。

鼓勵孩子戰勝挫折

教養關鍵Q&A

Q. 孩子在失敗後出現抑鬱、緊張的情緒，該如何改善、調適他的心情呢？

Ans. **轉移孩子的負面情緒，試著讓孩子了解失敗的價值。**

關心孩子情況

有一次，我到朋友家拜訪時，發現一件很奇怪的事，朋友的兒子才剛放學回家，就馬上找零食吃，並且一副氣呼呼的表情，只見朋友帶著責備的口氣說道：「看到客人也不打招呼，一回家就找零食吃，怎麼這麼沒禮貌！」而孩子並沒有因媽媽的話語停止，反倒越吃越多，眉頭也皺得更緊。

這時，朋友便喝斥兒子進房間寫作業，要他做完後才能出來吃飯。等他兒子進房後，便嘆了口氣說道：「最近小駿很奇怪，感覺做什麼事都提不起勁，有時還會像今天一樣猛吃零食，如果越罵他就會吃得更多！」聽完朋友的描述，心想他的兒子或許是遭受了壓力或困難才會出現這些異狀，便請她多關心孩子。

果不其然，幾天後他便打電話來，說原本表現傑出的兒子被編入資優班後，其排名不僅只落在中間，甚至因為自己無論再怎麼努力都很難進入前五名而對學習失去興趣，所以只好用「吃」來發洩情緒。

其實，諸如此類的情況並不是特例，根據專家表示，孩子在受挫時，如果得不到別人的理解和安慰，便會出現憂鬱、緊張、急躁的情緒。而在孩子的記憶中，吸吮乳汁的快樂與在媽媽懷中被緊緊摟抱的聯想，可寬慰受傷的心靈，促使孩子努力從食物中尋覓安慰。於是，有些孩子在受挫時，喜歡以「吃」來排解鬱悶。

而要解決孩子這一類的失控情況，必須讓他們知道失敗並不可怕，唯有跨越、克服才能使「挫敗」顯得更有意義。然而，大多數的父母在孩子受挫後，缺乏了關懷、安慰與鼓勵，孩子在求助無門的情況下，便會以自己認為能恢復情緒的方式來安慰受損的心。而「吃」只是比較輕微的發洩方式，但父母最應關心的是孩子的心理狀態，若孩子的心結無法打開，不僅將一蹶不振，甚至會影響其未來的生涯發

展。

轉化挫折三步驟

欲教導孩子將挫折轉化為學習的歷程，專家建議父母進行以下三個步驟，將能有效幫助孩子化沮喪為助力，進而提升自己的能力：

Step 1. 察覺孩子的異狀

要教出挫折忍受力高的孩子，父母必須有敏銳的觀察力。以上述朋友兒子的事件為例，其兒子一回到家就出現猛吃零食、表情不悅的情形，此時媽媽應有所覺察，並進一步關心孩子：「今天看起來好像在生氣呢！學校發生什麼事了嗎？」藉此讓孩子有傾吐的時機，並了解孩子的煩惱。倘若爸爸只是一味地制止，沒有理解孩子行為背後的意義，長期下來，將造成親子代溝。

Step 2. 了解孩子挫敗原因

當發現孩子的異狀後，接下來就是要了解他們沮喪的原因。由於朋友的兒子是因成績不理想而感到傷心，假使爸爸只是回應「沒關係，你繼續努力」或是「你的能力可能只到這兒」，都顯示出爸爸並沒有理解孩子的心情，甚至是打擊孩子的自信。

最好的回應應為「試著想想是不是哪一個科目比較弱，或是你把得失心看得太重，導致作答的時候太過緊張而出錯呢」，藉由引導的方式讓孩子澄清問題，反省自己失常的原因。父母切忌責備、訓斥孩子，否則只會讓他們浮現「即便自己說出原因也沒獲得理解」的負面想法，導致親子關係僵滯。

Step3. 陪伴孩子轉化學習

當孩子傾吐不滿情緒、找出問題後，父母可陪伴孩子解決問題，而不是放任不理，讓孩子獨自面對。例如朋友的兒子若是因某科目的學習有困難，媽媽可在旁陪伴指導，但不要當他遇到難題時就直接給予解答，可利用「提示法」引導孩子。如可請他想想這題該套什麼公式，甚至運用口訣來背書等，盡量讓孩子獨立思索，最後內化成自身能力。當他們在過程中體驗到依靠自己的力量來克服困難，便能從成就感中重建自信。

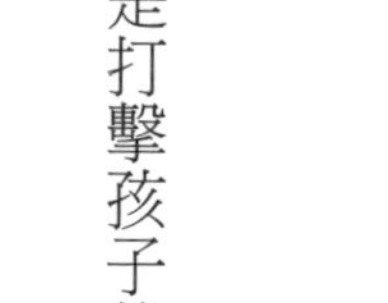

透過上述三個步驟，孩子將能有效認識、面對降臨身上的挫折；但父母也必須以寬容的心態包容孩子的情緒。也許孩子會因遊戲輸了而生氣、因鞋帶綁不好而跺腳、因與朋友吵架而大哭……。其實，這些情況看在父母眼裡或許只是小事，但那是因為我們也都經歷過那些時期，並且從中找到跨越難關的方法。然而，孩子卻是第一次遇到這些情況，甚至年紀小者還不知道該如何用語言來表達、發洩，所以會以情緒化的方式表現，故父母應接受孩子的情緒、引導孩子解決、陪伴孩子找出方法，提高他的挫折忍受力。

跨越挫折，不是繞道而行

其實，父母應該讓孩子明白，生命中的挫折在所難免。人生在世，驚喜與磨難總是不預期的出現，而在掌聲和鮮花、成功和榮譽的背後，其所累積的淚水和挫折，才是更為重要的。諸如天災、人禍、疾病、地震、朋友的背信棄義、理想的突然幻滅等，往往將我們的計劃瞬間破壞，因此唯有樹立孩子的正向觀念，他們才有抵抗挫折的能力。

「失敗」並非負面詞語，以積極的說法來解釋，「失敗」更是讓孩子向上提升、跨越難關的墊腳石。因失敗的經驗，孩子能總結過程中的缺失；因失敗的沮喪，孩子學會如何排解低潮；因失敗的價值，讓他精益求精地繼續努力。

針對孩子遇到挫敗的情形，教養專家認為，父母不應以憐憫的態度對待，或心痛地抱著孩子長吁短嘆，更不能從此爾後地時時呵護孩子。正確方法應告訴孩子人人都會經歷失敗，雖是可以理解並值得同情，但勇敢跨越的人才會懂得從失敗中學習，並汲取教訓，以免重蹈覆轍，在努力的過程中提升能力。

美國兒童心理學家曾提供父母以「3C」的方式來幫助孩子度過困境。意即「Control」（調整）、「Challenge」（挑戰）、「Commitment」（承諾）。其分別代表的意義如下：

Control（調整）：指一種心理、情緒上的調整，是為了幫助孩子認識到「困難並不等於絕境」。

Challenge（挑戰）：指為了給孩子一種心理上的挑戰，讓他學習在失敗的情緒中看到積極的一面。

Commitment（承諾）：指用「承諾」的方式，讓孩子意識到父母不會因自己表現不佳而全盤否認其價值，甚至使孩子了解父母並不因此降低對自己的愛。

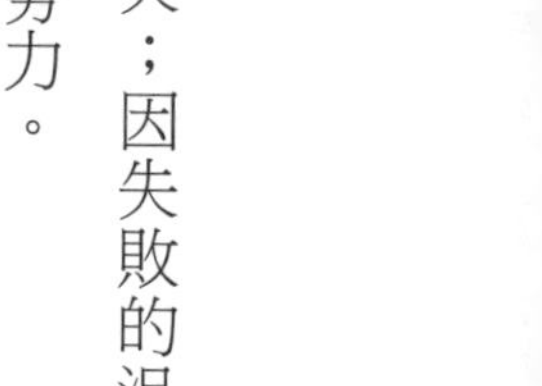

舉例來說，我的兒子經常會因學業成績不佳而感到情緒低落，這時我總會先說一則笑話緩和兒子的情緒，接著對他信心喊話，扭轉其難過、消極的心情，讓他了解我並不會因他考試失利而對他全面否定（以上為調整心境）；接下來，讓兒子有繼續挑戰的心態，我會指導他解題，分析其錯誤原因，讓他從中改正、習得經驗（以上為持續挑戰）；最後，我還會表示自己並不會因他成績不好而減少對他的關愛，因孩子會擔心由於自己表現不好而影響他人對自己的觀感，所以這時必須給他強心針，讓他知道父母並不是以成績取決於對自己的愛，進而讓孩子更有信心地勇往直前（以上為承諾）。其實，孩子唯有在「愛」的澆灌下，才能快樂地成長，並將挫折容忍力發揮到極致。

然而，對於尚在摸索、涉世未深的孩子而言，引導孩子走出挫折的失落情緒，並幫助他調整、恢復心理，是父母必修的一堂課。此時，父母應及時對孩子進行心理誘導，從尊重、關心孩子的角度出發，同情、理解孩子，站在孩子的角度去思索、猜想他們的心靈，避免放任孩子自行解決，使其從困頓中重新站起，以迎接未來挑戰。

教養小貼示

針對孩子遭遇挫折時所出現的負面情緒，父母可利用簡單的技巧來幫助孩子擺脫低潮，使其克服挫折所帶來的不安、憂鬱與難過，從父母的鼓勵中重拾自尊、自信，以勇敢創造未來。

✓引導孩子合理釋放情緒

孩子受到挫敗時，「一哭、二鬧、三翻臉」是最常出現的情形，若父母將其視為無理取鬧而不予理會，久而久之，孩子不僅容易鑽牛角尖，甚至個性極端的孩子還有可能採取如自殘等方式，來傷害自己，故父母對於孩子的挫敗情緒宜多加注意，並多方疏導。

建議父母可利用線上聊天室，如MSN、即時通等，與孩子聯絡感情，或者利用親子時間交談，甚至以留言、書信的方式與孩子交流，並鼓勵孩子向親人、老師、同學或朋友傾吐內心的壓抑之情，以得到他們的理解和幫助，緩解心理壓力。甚至，父母也可建議孩子利用寫日記的方式，把心中的不快宣洩出來，進而理清思路，穩定情緒，此舉將能有效維護心理健康。

✔教孩子學習轉移目標

孩子受挫後的情緒往往不穩定，並經常被挫折所困擾，或是急躁易怒，甚至悶悶不樂。父母可引導孩子轉移目標，消解他們的緊張心理。例如陪孩子外出散步遊玩、一起聽聽音樂或談論他們喜愛的運動、明星等，以轉移他們的注意力，穩定其情緒，進而消抵心中的煩惱，減輕孩子的挫敗感。

✔分享自身經驗

孩子的相同特質就是愛聽故事，尤其父母本身的挫敗經歷與克服過程，都是孩子學習的目標。當孩子認為自己的問題也是父母曾經遭遇過的，其心理壓力將會減輕，並能從父母的解決方式中找到合適自己的方法，藉此跨越眼前困境，累積正面情緒來迎接未來挑戰！

擎天小語錄

- 「面對困難，解決問題，放下心魔。」
- 「不找藉口，只找答案。」
- 「最好的抗挫器，就是快樂做自己！」
- 「孩子的優秀，不是教出來而是『等』出來的！」
- 「放給孩子自由的空間，盡情揮灑天賦與熱情！」

第3章

讓小皇帝
做人生道路上的強者

~生活，孩子培養能力的人生課題

面對困境：沒有過不去的事

教養關鍵 Q&A

Q. **當孩子面對困難而顯得意志消沉、提不起勁時，該如何協助他迎戰挫敗呢？**

Ans. **在日常生活中，經常給予孩子積極不負面的觀念，培養他們面對困難的堅強意志！**

化阻力為助力

現今很多父母都希望自己的孩子成績優異，當其學習良好時，便會盡量滿足他們的要求，然而在此同時卻忽略了意志力的培養，倘若孩子沒有堅強的意志，便很難培養他們抗爭挫折的勇氣和決心。

近幾年，許多父母已經意識到這項問題，所以不難發現坊間出現許多針對孩子所設計的「吃苦教育」，甚至有些企業團體也會特別在寒暑假時空出一天，舉辦

「帶孩子去上班」的活動，目的是讓孩子看看父母的工作過程，進而體會其辛勞，懂得感恩。甚至，在日本還有許多父母鼓勵孩子從事冒險活動，目的是讓孩子多經歷一些坎坷、困難與挫折，培養孩子以積極、正向的態度來面對人生困難。

還記得小時候，我有一位國小同學非常熱愛籃球，當上籃球國手一直是他的夢想，而如今他實現了！

「我長大後要去打NBA！」當他對我們這麼說時，大家無不捧腹大笑。因為這位同學長得實在太矮了，身高才只有一百六十五公分，而這種身高想進籃球隊都有困難了，更何況是打NBA呢！

但是這位同學並沒有因我們的嘲笑而放棄，相反地，他對籃球的熱情，使其下定決心一定要打進NBA。他天天和籃球隊的隊員在籃球場上練習，甚至其他人都回家了，他還在練球；別的孩子在冷氣房裡，悠哉地吹著冷氣、享受涼爽，他依舊在籃球場上揮汗如雨，比別人多花了好幾倍的時間來練習。

但他深知像他這種身高，若想進入NBA，必須要有過人之處。因此，他充分利用自己矮小的優勢，穿梭在敵隊的人群中，行動相當靈活迅速；並且，他儘可能壓低運球的重心，以避免失誤；甚至，他也常因個子小不容易引人注意，而常能成功抄球。

最後，他成功了！終於打進NBA，並且在他們的球隊中是表現最傑出、失誤最少的後衛之一。而且他不僅控球一流，遠投精準，甚至在面對高他兩、三顆頭的敵人中投球也無所畏懼。

現在想想，他將當初大家對他的嘲笑以及自己對籃球的熱情，化成實現目標的動力，而這種「勇氣」，讓他能面對一次次的失敗，然後從失敗中找尋出自己的優勢，重新站起，進而迎接新的挑戰。

因此，父母千萬不要錯過孩子每一次的學習與鍛鍊，使其培養勇於接受現實的能力。未來是屬於孩子的，未來的路要靠他們自己走下去，而未來的生活更要由他們自己去創造。

天生我材必有用

「望子成龍，望女成鳳」是父母最大的心願，每位父母也都希望孩子能夠出人頭地，成為社會上的有用之人。但隨著物質生活的提升，在父母的嬌生慣養與呵護下，反而會使孩子形成自卑心態。尤其遇到失敗、遭遇挫折時，會對其結果感到無

能為力，認為自己是個「沒有出息」的人，最後便選擇了逃避，表明自己不能解決當前問題。而孩子會產生這種心理，主要原因是來自於家庭教育，故父母必須重新審視自己的教育方向，協助孩子發現自己的潛在能力。

然而，認為自己毫無技能的孩子大多具有下列情形：

在人群聚集的場合，他們無法參與談話，儘管想表達內心想法，但又不敢開口，甚至害怕自己的發音不正確。慢慢地，他們會開始討厭自己，認為自己沒有用，在整個過程中，處於緊張狀態。這對孩子的成長不僅十分不利，並且他們往往會因脆弱、自卑而陷入挫折的陰影中。

實際上，每個人都是獨一無二並擁有潛在天賦，但其潛能能否被激發端看父母的教育方式。成功大學教育研究所教授董旭英認為，大部分的人都是透過別人的態度來建立自我形象，如果別人對自己好，就會產生自我肯定。因此，當父母以負面的態度、言語來對待孩子，不僅會削弱孩子的自信心，甚至他也將會朝著毫無用處的方向前進。

而著名的「皮格瑪利翁效應」就有此含意，也就是你怎麼看待一個人，他就會成為你心目中的樣子。而這可從下列故事中理解：

皮格瑪利翁（Pygmalion）是一位古代雕塑家，他花費很長的時間雕刻出漂亮的女性雕像。而皮格瑪利翁每天看著它，最後也喜歡上眼前這位「女人」，但他並不僅僅只將其當成雕塑品，而是將「她」當成自己心愛的人。

他每天含情脈脈地對著這位「女人」訴說心事，而且還把它稱為「世界上最美麗的女人」。後來，皮格瑪利翁的誠心感動了天神，便賜予雕像生命和情感，在某天早上醒來後，眼前的雕像果真變成妙齡女郎。

若我們將其寓意對應到親子教養上，意即父母身為孩子最親密的人，如果整天用挑剔的眼光去看待孩子、不斷指責、批評，甚至是抱怨，那麼孩子將很可能成為父母所指責的形象。可是，父母若能夠積極看待，努力發掘優點，並及時給予讚賞，久而久之，孩子必定能有所改善，很有可能成為未來的優秀新星。

因此，父母要努力塑造孩子勇敢、堅強的個性，並讓他們知道，只有自信才能發揮潛力，只有勇氣才能正視自己的缺點，進而將自己的價值發展到最大化。

教養小貼示

若孩子遇到困難就退縮，悲觀地面對生活，如此將很難適應社會的競爭，故讓孩子體驗、磨練，是直接理解人生、融入社會、鍛鍊意志、培養自信的成功捷徑。而父母看待孩子的眼光，更是其成長過程中，樹立自我價值的起源。以下將提供父母教導孩子面對逆境、激發潛能的有效方法：

✓引導孩子認識、接納自己

根據心理學研究指出，當人們對自己的品格、才智等方面有一定了解時，才能滿意生活中的任何結果。因此，父母唯有幫助孩子肯定自己，並教導他們放大優點、縮小短處，他們才能更愛自己，相信自己有能力來克服一切困難。

✓讓孩子學會正面比較

當孩子出現將自己的短處與其他孩子的長處作比較時，父母應適時扭轉孩子的觀念。例如孩子說：「白白的數學成績很好，哪像我每次都不及格！」這時父母可協助孩子認識自己的優點，並回答：「別這麼說！你也有很好的一面喔！像你的創意多，每次勞作都拿很高分呢！」藉此讓孩子產生信心，避免越比越洩氣、越比越自卑，而出現「無用心理」。因此，在教養過程中，「揚孩子的長、避孩子的短」，往往更能增強其自信心。

✔給孩子適當鼓勵

孩子的自信來自於最親密者的肯定與鼓勵，故父母應把握下列五項要點，建立孩子的信心。

1.在生活中應善於發現孩子的優點和點滴的進步，並不失時機地給予肯定和表揚。

2.不要總拿孩子的缺點和別人的優點做比較，更不要貶低孩子。

3.不管你的孩子表現如何，都不能隨便說出「沒出息」之類的負面判斷，也不能任意幫孩子貼上「廢物」等灰色標籤。

4.不要單單只用貌美、聰明等抽象言語來誇獎孩子，要儘可能在不同層次上看到孩子特有的優勢，如「你的創意很好，為我們省下許多時間」等對其特點表示讚賞，為孩子的價值賦予意義。

5.教育孩子重視每一次的成功，當成功經驗越多，孩子的自信心也就越強。

面對人際：學習換位思考

教養關鍵Q&A

Q. 在孩子與他人的相處過程中，如何幫助他們與朋友良好相處呢？

Ans. **培養孩子的同理心，站在他人的立場思考，勿讓自私矇蔽了理智！**

臆測兒童思維

「父母是孩子的鏡子」、「孩子行為是家教的反射」，由此可知，父母的言傳身教對孩子的影響相當深遠。現今孩子的生活條件優越、深受長輩寵愛，以致於他們多以自我為中心，很少為他人著想，如此將會使孩子的心態走偏，未來的發展也將因其性格而受限。因此，為了讓孩子健康成長，每位父母都有責任在孩子的心靈裡播撒愛的種子，而當愛的種子生根發芽時，他們才能真正站在別人的視野與角度為他人著想、揣摩心意。

父母在教育孩子同理心時，首先必須懂得猜想孩子的想法，唯有自己做到換位思考，並適時寬容孩子的行為，他們才能發展為他人著想的觀念，並修正錯誤。教育家蘇霍姆林斯基曾說過自己小時候的一個經歷，以闡述「換位思考」的真諦：

小時候他住在一間雜貨店的附近，每天都能看到大人把某種「東西」交給雜貨店老闆，然後換回自己需要的物品。但小蘇霍姆林斯基不知道那種「東西」是什麼，只知道它外表圓圓的，所以他也有樣學樣，找了一堆圓圓的石頭給老闆「換糖」。當時雜貨店老闆遲疑了一下，但並沒有責罵他，反而收下了這堆石頭，把糖「換」給了他。後來，蘇霍姆林斯基長大回憶起這段往事時，便說：「這個老闆的善良和對兒童的理解，影響了我的終身。」

事實上，這位雜貨店老闆雖然不是教育家，但卻擁有教育者的智慧，因為他沒有以成人的邏輯去分析孩子的行為，而是站在孩子的角度去思考，認為小蘇霍姆林斯基根本不知道何謂「錢」，也不知道「買賣」原則，只知道拿長得像「錢」的東西來「以物易物」就好了，因而用「寬容」維護了一個兒童的尊嚴。並且，這則故事也給父母一個啟示——教育孩子重在理解和引導，體會他們的感受，進而找出方

法，協助他們健康成長。

孩子是父母生命的延續和希望，更是父母心中永遠的牽掛。現今對親子教育的概念，常以「放風箏」作為比喻：「孩子就像風箏，父母就是放風箏的人，孩子能飛得多高、多遠，就看父母怎麼收放手中的線。」

因此，如果每個孩子都能學習換位思考、將心比心，那社會將多了一份理解、和諧與幸福！並且，他們也會因此擁有一顆感恩的心，以「嚴以律己，寬以待人」的心態來為他人著想，盡量為他人帶來便利，以此獲得良好的人際關係，並與身邊的親朋好友和同事們相處得更融洽！

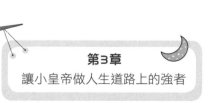

依年齡培養換位思考

根據兒童心理學家指出，孩子在固定時期會出現以「自我為中心」的行為，當孩子正處於這個階段時，父母必須及時引導，一旦忽視或沒有加以指正，孩子便會走向自私自利。

以「自我為中心」，是兒童早期自我意識發展的一個必然階段。新生兒處於蒙昧無知的狀態時，還沒有建立「客我之分」，所以他們認為吮吸自己的手跟吮吸其他東西沒有差別。

但到了二至三歲時，孩子的自我意識開始萌芽，並把自己從他人和外界事物中區分開來，學著使用「我要」、「我有」和「我的」等，帶有第一人稱的代名詞來表達需求。此時，自我意識發展到自我中心階段，兒童將以「我的角度」來觀察世界，認為周圍的人、事、物都跟自己密切相關；並且他們往往從自我角度來進行行為選擇和活動設計，而不考慮他人。

但是隨著幼兒的交往活動增加，他們已逐漸產生「他人意識」，進而認識到「自我」和「他人」的關係。到了四至五歲時，兒童不僅知道自己的行為會帶來什麼好處，還會進一步理解自己的行為能替周圍人帶來何種益處，若父母在此時加強「換位思考」的教育，我們將能看到孩子會為了團體的成功而行動。

其實，「自我中心」的思想人人都有，只是程度和發展速度上存在著個體差異。如果自我傾向過於嚴重，甚至到了六至七歲還停滯在自我中心階段時，代表換位思考的能力尚未形成。並且，他們往往會過分集中注意在自己的需求和利益上，不能採納他人意見。對於與自己意見相反者，全然不能接受，因為此時的他不了解除了自己的觀點外，還可以有別人的意見，甚至他們會認為別人的心理、想法和自

己是完全一樣，因此會毫不考慮他人的感受。

而當父母了解孩子從「自我」意識到「他人」的發展過程後，便必須針對各年齡層加以引導。由於孩子年齡小，具有可塑性，故儘早將感恩的種子埋在孩子的心田裡，才能越早開花結果。而這個過程中，父母的引導與指點將成為孩子是否能設身處地為他人著想的關鍵！

教養小貼示

教導孩子將心比心地站在他人角度設想時，父母自己也必須做到，尤其與孩子的相處中更是如此。究竟，父母該如何引導年幼的孩子克服以自我為中心的態度，發展換位思考呢？

✔讓孩子清楚自己的角色

從孩子三至四歲開始，便要讓他們認識自己在家庭中的位置，勿讓孩子產生自己是「家庭核心」的錯覺。

例如，媽媽買了一顆梨子，不要只留給孩子一個人吃，可以根據家裡的人數平分，讓他知道自己的食物只是其中的一份，而不是全部，懂得與人分享的概念。假使爸爸、媽媽捨不得吃想留給孩子亦可，但是要讓孩子知道這個「優待」含有父母的自我克制以及對孩子的愛，而非理所當然的應得，以培養孩子感恩的心。

✔學習多替別人著想

由於年紀還小的孩子不知道自己的行為會為別人帶來什麼負面影響，因此思考模式通常仍會以自我為中心，這時父母可引導孩子站在他人的角度看問題，練習換位思考。

朋友就曾分享自己教育孩子「換位思考」的經驗給大家作為參考。有一次，奶奶幫孩子買了一頂帽子。結果孩子一戴，抱怨帽子小，甚至還覺得頭皮發癢，臉上的不悅顯而易見，甚至還沒有向奶奶表示感謝之意，這不僅讓朋友非常生氣，奶奶也是一臉尷尬。

等奶奶離開後，朋友忍住即將爆發的怒氣，冷靜地問兒子：「如果你買了一個禮物送給別人，結果人家看到你送的東西後一臉不高興，你心裡會怎麼想？如果對方高興接受，並真心感謝你，你是不是會很開心呢？」朋友說當孩

子聽到這兒時，就知道自己做錯了，當天就打電話給奶奶表示感謝，並為自己的失禮道歉。

後來，他的兒子漸漸學會為他人著想，即便朋友沒有給予指點，他也能在面對別人的好意時，主動表達感謝之意。由此可知，當孩子具備為他人著想的意識時，他們才能杜絕自私與任性的產生。

✔讓孩子學會分享

「分享」是為他人著想的延伸。許多人認為幫助他人，意味著付出及對自我的克制。然而，以廣義的解釋來說，更多人是從助人的過程中發現快樂，因此讓孩子體會與他人分享所帶來的快樂，未來他將會更願意與人共享美好的事物；甚至當別人有難時，他還會主動幫助他人。

面對浮躁：學習腳踏實地

教養關鍵 Q&A

Q. **孩子性情浮躁，對任何事情都是三分鐘熱度，究竟該如何改善呢？**

Ans. **在教育過程中，父母首先應培養孩子的專注力，使其以平靜、理性的態度來面對所有問題！**

「慢養」，改掉浮躁之性

有一次，補習班的數學老師突然聊到他兒子上課不專心的情形，並對此相當困擾。他說兒子上課時，喜歡東張西望、跟其他人講話，有時上類似美勞、家政等較為輕鬆的課程時，還會到處走來走去。儘管老師糾正多次，父母也經常責罵他，但他依然故我，令他們相當困擾。在我看來，這位小孩的心性浮躁，必定有其原因。追根究底，其實就是父母的教養速度過快，期望孩子能比別人多傑出一點，以致於孩子在感受到父母的「急迫」下，而變得容易心浮氣躁、難以專注。

其實，現今的社會發展，講求速度與效率，也因此人們任何事都追求即刻成效。然而，工作尚且如此，但面對教育則應「慢養」。不少父母都有這個困擾——「我的孩子注意力不集中」、「性格躁進」、「做事容易三分鐘熱度」，其實孩子之所以會出現這些情形，大部分都與父母的教養方式息息相關。

一些父母常懷有「恨鐵不成鋼」的心情，因此當孩子表現不好時，他們便會更加嚴厲對待，期望孩子能感受到父母擔憂他們未來的急迫心情。然而，並不是每位孩子都能接收、理解父母這項訊息，有些孩子會因為父母的態度而影響其內在性格，如父母情緒化地對待孩子，將使其出現焦躁不安等負面症狀。

所以，父母應謹記孩子的品格與心理發展，並非父母一句話或強壓抑制就能完成，只有透過一步步地耐心培育、理解孩子的想法，他們才有可能形塑良好品行，冷靜理智地處理問題。

孩子浮躁性格的表現

每位孩子都將成為社會的一份子，故必須培養腳踏實地的品格。尤其成長中的孩子最忌心浮氣躁，假使孩子能靜下心來認真做一件事，相信成功就在眼前。而浮躁其實是一種衝動性、情緒性與盲目性相互交織的病態心理，與艱苦創業、腳踏實地、勵精圖治、公平競爭是相互對立的。並且，浮躁的性格還會使人失去對自我的準確定位，隨波逐流、盲目行動，對團體、國家及整個社會的正常運作極為有害，所以成長中的孩子必須培養其自制力。並且，一旦發現孩子具有心浮氣躁的性格時，必須予以糾正。

性情浮躁是當前青少年的通病之一，其主要表現如下：

1.焦躁不安

在情緒上表現出急躁的個性，且急功近利。並在與他人的比較之中，更顯現出焦慮不安的心情，深怕自己輸給對方。

2.心神不寧

面對急劇變化的社會，因不知所為且心中無底，故內心相當恐慌，對前途一片茫然。

3.衝動冒險

由於焦躁不安，會讓情緒取代理智，使得行動具有盲目性。並且，行動之前若缺乏思考，很容易因思慮不全或想法錯誤而做出違法亂紀之事，根據心理學者研究指出，這種病態心理也是當前犯罪事件增多的主觀原因之一。

由此上述浮躁的心理表現可知，此為孩子成長路上的大敵，他們會出現好高騖遠、容易放棄的心態。例如有些孩子看到歌星賺大錢，就想當歌星；看到企業家、經理神氣、威風的樣子，便又會轉換目標，然而在他們為自己編織夢想時，卻又不願為了實現自己的理想而努力學習。甚至，有些孩子的興趣、嗜好轉換太快，定性不足，有時今天學圍棋，明天學吉他，這種「定性不足」的態度，容易導致孩子放棄，故父母應當留意。

浮躁性格的主因

教養專家發現，孩子性情浮躁與父母的教育方法及環境有關，其浮躁性格的產生主因如下：

1.父母教育影響

父母在教育孩子時，容易患得患失、心神不安，甚至會包容孩子的錯誤，擔心過度責備會傷其自尊；但是放手讓孩子自己成長時，卻又怕他們因遇挫而受到傷害。故在此種「教養原則不一」情況下所成長的孩子，不僅容易情緒不穩，甚至做事也會容易放棄。然而，有些父母會因急於擺脫貧困或改變生活現狀，在工作上表現出急功近利、急躁的作為，而這種心理也會影響到孩子。

2.遺傳因素

根據心理學者研究發現，性格強硬卻沒有靈活思維者，也容易出現急躁、沉不住氣、做事易衝動、注意力容易分散等情形。因此，父母若有心浮氣躁的個性時，孩子也容易受到影響。

3.意志薄弱

有些父母只知灌輸孩子知識，卻不知道培養孩子的意志力，進而造成孩子在學習上怕苦怕累，做事急躁冒進，缺乏恆心等情形。

因此，培養孩子的全方位能力並非一朝一夕即可完成，唯有父母放下立即見效

的態度，依孩子的特質給予適當的教育空間，讓孩子從犯錯中增進能力，從處事中培養專注的精神，他們才能穩定心性、發揮潛在天賦。

教養小貼示

父母的教育方式必須恩威並用，不僅要磨練孩子的意志力，也要鼓勵孩子，並與孩子一同實踐與成長，一步步地督促他們完成目標，幫助孩子提高自控力，克服心浮氣躁的態度，使其培養穩重、成熟的性格！因此，爲了改變孩子的浮躁，父母在教育孩子時應注意以下問題：

✓孩子要「立長志」

俄國偉大作家托爾斯泰曾說：「理想是指路的明燈。沒有理想，就沒有堅定的方向；沒有方向，就沒有生活。」只有父母幫助孩子樹立理想，才能使生活目的明確和對崇高理想的追求，並培養對生活和學習的強烈責任感，以防止孩子浮躁心理的滋生和蔓延。

而父母幫助孩子樹立遠大理想時，要注意兩點：

1.立志要揚長避短

一些孩子立志經常不考慮自身條件是否可行，而是憑著有時的心血來潮，或看到什麼工作能賺大錢，就去做什麼工作的「趨勢心態」，然而這些孩子多數是會碰壁的。因此，父母應告誡孩子，必須根據自己的特點來確立目標（最好和孩子一起分析其特點），才會有成功的希望。

2.立志要專一

正所謂「無志者常立志，有志者立長志」，父母應告訴孩子立志不在於多，而在於「恆」的道理。所以，要防止孩子「常立志而事未成」的不良結果。這正如英國哲學家史賓塞所說：「人不論志氣大小，只要盡力而為，矢志不渝，就一定能如願以償。」

✔重視孩子的行為習慣

父母首先要求孩子做事情要「先思考，後行動」。例如出門旅行，要先決定目的地與路線；上臺演講，應先準備講稿等。並且，父母必須在孩子做事之前，要求他們經常問自己：「為什麼做？做這個嗎？希望什麼結果？最好怎樣做？」並要具體回答，寫在紙上，使目標明確，且言行與方法都要具體化。

此外，要求孩子做事情要有始有終，腳踏實地做每一件事，一次做不完的事情分批做，按時間分配每天趕一些進度，最終即可達到目標。

✔有針對性地「磨練」

父母可採取一些措施，以針對性地「磨練」孩子的浮躁性格。如指導孩子練習書法、繪畫、彈琴、下棋等，有助於培養孩子的耐心和韌性。此外，還可教導孩子學會調控自己的浮躁情緒。例如，做事時，孩子可用語言進行自我暗示：「不要急，急躁會讓事情更不好」、「不要好高騖遠，這樣會一事無成」、「堅持就是勝利」。只要孩子能持續利用「暗示法」進行心理練習，便能在潛移默化的自我催眠中，改掉孩子浮躁的性格。

✔給予孩子榜樣教育

由於身教重於言教，因此父母首先要調整自己的浮躁個性，為孩子樹立勤奮努力、腳踏實地的良好形象，以其自身言行去影響孩子。接下來，父母應鼓勵孩子以好的榜樣為目標，督促自己改善個性，並培養他們勤奮不息、堅忍不拔的優良品行。

面對狹隘：學習寬胸謙讓

教養關鍵 Q&A

Q. **孩子出現心胸狹窄、肚量小等情形，該如何改正其性格缺陷呢？**

Ans. **開闊孩子的眼界，教導他帶人謙和，並且自己也必須以身作則、說到做到！**

開闊眼界，胸懷寬廣

古今成大事者，不但要有大志，更要擁有寬廣的胸懷。現今孩子被寵溺過度，心胸都不夠寬大，常會因一些芝麻小事便開始鑽牛角尖，甚至怨天尤人，所以孩子從小應培養其艱苦樸實、吃苦耐勞的態度。

此外，有些父母會忽略孩子的身心發展規律及其問題承受能力，若孩子長期處在「逆境」和「拮据」的環境中將一蹶不振，因而逐漸出現負面性格，例如心胸狹窄、斤斤計較等。

所以，父母在教育孩子時，精神上的培育絕不能少，應讓孩子擁有不畏惡劣環境和殘酷競爭的堅毅意志，即便在困境中依然能傲然挺立，擁有比天空還寬廣的胸懷，打拼出屬於自己的天空。

欲培養孩子寬廣的心胸，父母可經常利用假日帶孩子遊覽，使其在感受天地萬物的奧妙中，開拓心境以獲得全新啟發。而現今的國中小學教育，經常會舉辦校外教學的課程，例如帶孩子去太魯閣，領略地形的鬼斧神工、雄偉壯觀；帶他們遊覽生態園區，觀賞動植物的生命奇蹟。而孩子也將在一次次的遊歷中，增長知識，開闊眼界，培養寬廣的胸襟。

另外，為孩子講述名人或真實故事，將比父母空泛地教導孩子具備寬廣的心胸更能啟迪他們。我還記得小學三年級時，曾發生一件事，至今感觸依舊相當深刻：

有一堂自然課，老師請大家在學校的模擬菜園裡分組栽種胡蘿蔔。過了一陣子，我們這組的胡蘿蔔種得又大又漂亮，反觀第三組則因他們偷懶，很少澆水而發育不良，沒想到他們見不得別人好，竟趁大家放學後，把我們這組的胡蘿蔔拔走。

而同學們得知後都相當氣憤，跟老師告狀，甚至還在老師面前說要拔走他們的胡蘿蔔，結果老師並沒有多說什麼，只是再次發胡蘿蔔種子給我們跟第三組，讓我們再栽種一次。後來等第三組拿了種子離開後，老師便跟我們說：「他們的行為固然不對，但如果你們再跟著學就更不對，甚至顯得自己心胸更狹隘。你們照我的指示去做，從今天開始，每天幫他們澆水，讓他們的胡蘿蔔也長得漂亮。最重要的是，你們一定不能讓他們知道喔！」

結果，我們照做了，每天默默澆水，不讓他們看到。後來，第三組的人發現自己沒有什麼照顧，但胡蘿蔔竟越長越大，正當他們感到疑惑之際，便派人偷偷觀察，結果發現是我們幫他們澆的水。後來，他們覺得相當愧疚，隔天甚至還買了一些零食、飲料請我們呢！

其實，這段親身經歷，我不僅經常與兒女們分享，甚至也會講給補習班的學生聽，使其從中獲得做人心胸寬大、以德報怨的啟示。甚至，我還會從生活中的事件、朋友的例子來啟發孩子做人的道理，例如不要斤斤計較雞毛蒜皮的小事情、要欣賞他人的優點、不要嫉妒；或者將「海納百川，有容乃大」的格言貼在孩子的桌子上，做為其座右銘，以自我勉勵。

身體力行，做孩子榜樣

身為孩子的指導者，父母的待人接物、心胸是否寬廣，將直接影響到孩子的心靈。因此，父母要不時灌輸孩子寬容的觀念，如待人客氣、熱情等。

有一次，樓上鄰居晾曬的衣服不斷滴水，把我們快要曬乾的衣服又淋濕了，結果我們只好將衣服又重洗一遍。當然，我也客氣地提醒樓上鄰居要注意，不過我認為他們並不是故意的，所以並沒有生氣發火。

還有一次，我在送孩子上學的路上，被一輛機車刮到手，手背不僅紅腫疼痛，還微微泛著血絲，機車騎士也不斷地說「對不起」。我看著紅腫泛血的手背，再看看他不停道歉的模樣，就只告訴他要注意安全，便讓他走了。孩子問我：「爸爸，你怎麼讓他走了？萬一你的手骨折了怎麼辦？」這時，我笑著對孩子說：「沒關係，爸爸的手不會骨折。一會兒就會好，而且叔叔也不是故意的，他已經道歉了。」

上述兩個經歷，都讓孩子看到父母遇到問題時的寬容表現，也因此他們能深刻體會到寬容的真正含意。其實，我認為與其不停地灌輸、建立孩子觀念，倒不如起身示範，讓他們更明確知道寬容的實行原則。

謙讓也是寬容的美德

人與人之間交往時的謙讓和禮讓，實際上就是寬容的延伸。試想，當孩子們互搶一個玩具時，如果有一方能禮讓，表現出自己的寬容，那麼他們就不會因一個玩具而爭得臉紅脖子粗了。

然而，有些父母的也會因為「搶玩具」是小事而不加以制止，並當自己的孩子搶贏時而感到高興，認為他聰明伶俐、反應快，殊不知這將造成孩子誤解自己的行為被認可，而使觀念偏差。因此，父母對孩子的管教極其重要，當孩子踏錯一步時，必須趕緊拉回，以免步入歧途。

其實，孩子不懂得「讓」，就是認為「任何東西與情況都應照著自己的意識行進」，所以人與人之間常會因此而爭吵，若兩方都沒有對他人懷抱寬容與謙讓之心，想必世界將充滿怨恨，甚至是出現戰爭。所以，父母應在日常生活中，將謙讓和寬容根植在孩子的觀念裡，使其擺脫「小皇帝」的霸氣，成為一個氣度非凡、擁有雅量的成功者。

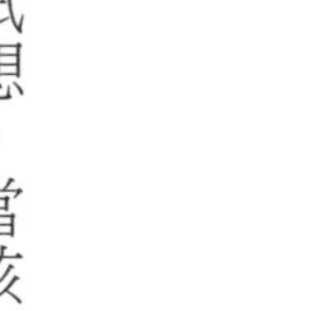

教養小貼示

謙讓和寬容是驅趕心胸狹隘的良藥，能幫助孩子在未來的人生道路上更為順遂。究竟，父母該如何開拓孩子的心胸，將謙讓和寬容發揮到極致呢？

✔為孩子營造寬容環境

幼兒時期的孩子，其個性正處於萌芽的發展階段，他們對事物的看法往往出自於大人的說教或老師的命令。所以，父母應努力營造一個和諧、友愛、團結、互助的氛圍。平時夫妻間與鄰里間的具體寬容行為，將使孩子了解謙讓、寬容的重要性。當孩子在和諧與良善的環境中成長，其寬容的觀念也將能根深蒂固。

✔設置爭搶情境

平時在家，父母可和孩子爭搶一下物品，讓他知道「並不是任何東西與情況都應照著自己的意識行進」，並適時與孩子講道理，使其了解父母對自己的寬恕與禮讓，進而將其內化成對外部人群的相處準則。

另外，正面引導、耐心說服的教育，是要提供孩子謙讓、友好相處、共同分享的方法，讓孩子嘗試體驗團結友好、禮讓和諧、共同分享的快樂。在與同伴相處中，要讓孩子明白，分享並不是失去，而是一種互利。

舉例來說，當孩子間出現爭搶玩具時，應暫時不讓孩子參加遊戲，使他意識到自己的行為是錯的，同時要告訴孩子如何處理爭執的方法，以意識到只有大家互相謙讓，遊戲才能順利進行；有了問題，大家則可用各種方法來解決，而不是動手動腳地野蠻爭搶。

✔遵循公平的競爭原則

教導孩子在與他人遊戲或是比賽時，應具備公平、公正的心態來進行。當自己勝利時，應保持一顆謙虛的心；若是自己失敗，則應懂得向他人學習，以增進能力，並避免心生嫉妒，以誠摯的心祝福他人的成功。

面對非議：培養孩子幽默感

教養關鍵Q&A

Q. 當孩子面對痛苦或他人的批評時，該如何調整其難過情緒？

Ans. 從小培養孩子幽默感，教導他們樂觀面對任何困境！

幽默讓孩子坦然以對

所謂的「幽默感」就是透過言語或肢體動作的表達方式，使對方感受到愉悅。事實上，具有幽默感的孩子通常都很樂觀，在生活中能不斷製造歡笑，讓周圍的人感到輕鬆愉快，並能從中培養成就感和自信心。

所以，具有幽默感的孩子，也較容易獲得友誼。並且，幽默還能幫助孩子良好地應對生活和學習中的壓力和痛苦，因而他們往往比較快樂且頭腦聰明、反應靈敏，能輕鬆完成學業，即便遇到挫折，也能微笑面對與解決。

在我們補習班裡，有一位老師很幽默，經常妙語如珠，就連批評人也是意味深長，令人終身難忘。例如，有人考試時翻書作弊，他就會說：「嗯……有隻老鼠鬼鬼祟祟的喔！」而他說得如此含蓄委婉，被他發現的學生，又怎麼敢再作弊呢？久而久之，他們班上的同學也因為感染到老師幽默歡樂的氣息，變得反應靈敏，並也懂得自娛娛人。

另外，我也有遇過媽媽利用幽默的教育方式來教育兒子。例如她的兒子生氣了，她便會說「晴時多雲」，來形容兒子的心情；兒子一直練不好踢足球而傷心流淚，她會勸他「輕傷不下火線（即堅持到底）」。餐桌上，她還經常來幾個即席小幽默，讓大家開開胃。她的作法不僅活躍了家庭氣氛，甚至還拉近與孩子間的距離。

其實，真正的幽默不是苦心經營的語言遊戲，更不是刻意製造的文字陷阱，應是一種洞察一切的睿智，是面對困境的從容不迫，是自然而然的生活沉澱。因此，身為父母應培養孩子的幽默感並熱愛生活，使其擁有樂觀自信的人生態度，擁有積極進取的奮鬥精神，即使面對失敗也能坦然一笑的豁達胸襟。

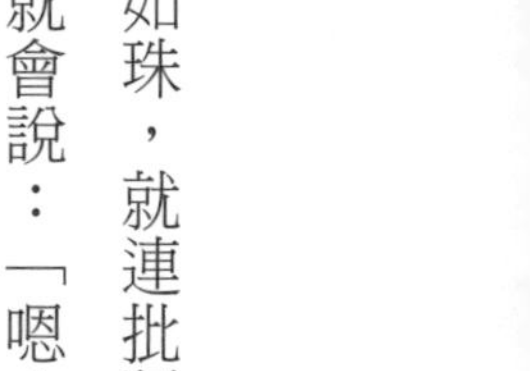

啟發孩子的幽默感

人們與生俱來就有幽默感的因子，如果父母能加以鼓勵並培養，孩子將能發揮他潛在的幽默力。

根據研究發現，幽默感從出生後第一個月便開始了，如嬰兒在父母的逗弄下，便會呵呵地笑個不停；而一歲左右的孩子，則會因為玩躲貓貓而狂笑不已。其實，孩子都希望自己擁有幽默感，這是他熱愛生活的表現，但幽默不只是製造笑料，更是在幽默中體驗生活，培養樂觀向上的人生觀和勇於開拓的創新精神。然而，在培養孩子幽默感的特質時，應注意下列事項：

1. 幽默感的語言以不傷害他人為原則。
2. 幽默感的語言要注意人際間的禮貌。
3. 幽默感的動作以不涉及危險動作為原則。
4. 與孩子說笑話或表演滑稽動作時，要考慮孩子的年紀。因為大人認為好笑的語言或動作，孩子不見得有同感。但孩子認為好笑的語言或動作，即便大人覺得不好笑，依舊要「捧場」，以肯定孩子的表現。
5. 孩子最快樂的事，莫過於做自己喜歡的事情。即使孩子不能完成，大人也不可操之過急，應耐心等待、引導，並適時給予協助。

充滿幽默感的語言和事物能吸引孩子的目光，在無形中刺激孩子的思維和語言能力。假使當你想對孩子說「再不收拾玩具，以後就不買給你了」，這時不妨加點「幽默調味料」，如「玩具們玩一天都累了，要回家休息，不然他們要哭囉」，以擬人化的方式賦予玩具生命，讓自己和孩子在幽默的氣氛中，輕鬆達到收拾玩具的目的。

事實上，父母應給予孩子足夠的空間，讓他們尋找自己的生活樂趣，而不是獨攬孩子的一切。唯有樂觀面對孩子，才能培養出他們幽默健康、積極向上、樂觀進取的性格，使其維持正面心態來接受往後挑戰！

教養小貼示

經歷生活考驗並吃過苦的孩子，將比溫室中的花朵更能在困難和痛苦面前，保持一份樂觀與開朗。因此，激發孩子樂觀與幽默的一面，將能有效協助孩子面對問題，以下為幽默感替孩子帶來的正面影響：

✔幽默是知識與智慧的體現

一個人若想培養幽默感，首先要博覽群書，廣泛涉獵，注重閱讀。當孩子書看得越多，見識也就會增廣，故在討論問題時，也能言之有物、頭頭是道。更重要的是，說話風趣，能有效拓展人際關係，幫助孩子發展社交技能。

✔坦蕩是幽默的前提

有幽默感的人，作風一定坦蕩。而培養孩子的幽默感，首先應建立他光明磊落的胸襟，教育他不為小事斤斤計較、耿耿於懷，凡事要有容人的雅量，不將負面情緒加諸在他人身上。

✔幽默有助於訓練孩子的思維

一個有幽默感的人，其思緒一定相當敏捷，並且反應力比一般人快。所以，若想培養孩子的幽默感，訓練思維很重要。其關鍵是要打破常規，別被慣性思維束縛一切事物的可能性，可與孩子玩腦筋急轉彎或文字接龍等遊戲，訓練孩子的反應力。

面對父母：讓孩子學習孝順

教養關鍵 Q&A

Q. 該如何讓孩子了解父母的辛勞，啟發他們的孝心呢？

Ans. **讓孩子看到父母工作的辛苦，進而貢獻心力，減輕父母負擔！**

孝心要從生活做起

在日本，有一個老師教育著一群離家出走的男孩，他從家中帶了一些雞蛋，讓他們無論用什麼方法，都要保護雞蛋的完整。一開始這些男孩不以為然，一下課就把雞蛋放在桌子上，自顧自地去玩了，誰料到好動的同學撞了一下桌子，雞蛋就破了；又或者有些同學一直把雞蛋捏在手裡，但一不小心用力過猛，雞蛋就被捏碎了。看到幾個失敗例子後，其他孩子們乾脆把雞蛋放在保麗龍裡；或者把雞蛋放在布袋裡，掛在胸前。當學生把完整的雞蛋交給老師後，都鬆了一口氣。這時老師便

告訴孩子：「你們保護一顆雞蛋就覺得累了，爸爸媽媽將你們養育成人，所付出的精力和耐心便可想而知。」

的確，父母養育孩子，傾注了多少的心血。而孩子只有體會到父母的辛苦，才能在未來社會中承擔起更多的責任；只有懂得孝順自己的父母，才能同樣養育出孝順自己的孩子，進而貢獻社會，尊老愛幼。

我曾在新聞上看到一個年僅七歲的小孩，在父母上班之後照顧著癱瘓在床的奶奶。每當奶奶到了吃飯時間，他便把父母放在鍋裡保溫的飯菜端到奶奶床上；奶奶想上廁所，他就把便盆送到奶奶身邊……

從上述例子可知，孩子之所以會這麼貼心，是因為父母精心營造家中的愛心和親情所致。父母以愛薰陶孩子的心靈，從一點一滴的小事開始培養，讓孩子養成孝敬父母的好習慣。如平時教育孩子要關心父母的健康，幫父母分擔憂愁，幫父母做家務等。當孩子不會時，父母要耐心教導；孩子做錯事時，不要嚴厲指責；孩子表現好時，要表揚鼓勵。孩子唯有在親身實踐和體驗中，才能體會到父母的辛苦，嘗到為別人付出的快樂。當「父母養育了我，我應當為他們多做事」的觀念，在孩子心中逐漸形成時，他們才能擁有責任感。並且，只有學會愛自己的父母，孩子才會愛別人，進而幫助別人，這種品格的形成將會使孩子受益一生。

父母愛孩子，這是天經地義的事，可是很多父母卻不知道如何表達自己的愛。有人說，在當今獨生子女的時代，最重要的是教給年輕父母如何去愛孩子，進而讓孩子學會愛父母。

其實，現實生活中，有些父母會在孩子面前，掩飾自己的艱辛生活和身體病痛，並以為這是愛孩子，卻不知這其實是在害孩子。父母千萬不要想「孩子還年幼，主要以學習為重，只要課業好就好了」，而是要轉變觀念：「不要以學習成績作為唯一的評價標準，好孩子的標準是多方面的，孝敬父母就是一個重要的標準」，以此培養孩子孝順的良善品格。

培養孝心應按年齡進行

根據國內幼稚園的調查指出，中班的一百多名幼兒在家中吃東西時，常常不會想到幫父母留一份者，占一半以上；而對父母沒有禮貌、任性、發脾氣者，超過三分之二。事實上，隨著孩子身心的日趨成熟，其培養的目標與範圍應不斷擴大。以下將介紹每個年齡階段的孩子所應達到的主要目標：

＊3～4歲階段

知道爸爸、媽媽的名字、生肖、年齡；知道爸爸、媽媽很愛自己；對爸爸、媽媽有禮貌，聽爸爸、媽媽的話，不對爸爸、媽媽發脾氣；能向爸爸、媽媽表示問候、感謝；自己的事情能自己做。

＊4～5歲階段

知道爸爸、媽媽家務勞動的情況及對家庭的貢獻；在爸爸、媽媽工作、閱讀、休息時，不能去打擾他們；能辨認、理解爸爸、媽媽的一些情緒表現；能說一些使爸爸、媽媽高興的話；能把好吃的食物先讓給爸爸、媽媽品嘗；能幫助爸爸、媽媽做一點小事，並對客人有禮貌。

＊5～6歲階段

知道爸爸、媽媽的職業和對社會的貢獻；在爸爸、媽媽生病時，能給予簡單的照顧；能猜想爸爸、媽媽的一些情緒反應；能做一些使爸爸、媽媽感到開心的事情；樂於承擔能力所及的家事；能幫助爸爸、媽媽招待客人；能製作節日小禮物送給爸爸、媽媽；對爸爸、媽媽有信任感和自豪感；學會關心爸爸、媽媽的活動。

透過上述各年齡層所應培養的目標後，父母將能針對不同年齡進行培訓。此外，勞動是家庭的基本職能之一，不僅能使孩子學會自我服務，而且還能教會孩子照顧和關心他人。因此，不要讓孩子在家中當特殊人物，養成衣來伸手，飯來張口的壞習慣。父母要讓孩子知道，每個家庭成員都要分擔家中的事物，不勞動者不得食。例如，要求上小班的孩子自我打理、自己穿衣、自己吃飯；要求上中班的孩子為父母服務，拿鞋子、放提包。使其從小養成勤勞的好習慣，從中體會到父母為家庭付出的辛勞和養育之情。

教養小貼示

生活中有苦才有樂，所以父母不要刻意去掩飾生活的另一面，而應讓孩子從小學會分擔痛苦艱辛，理解生活的不易，長大後才會珍惜眼前的生活，以眞誠之心關愛別人。

✔讓孩子體會父母艱辛

「親情」是在每天的耳鬢廝磨中建立起來的。在孩子時間允許的情況下，父母應要求孩子幫忙洗碗、捶後背、揉揉肩等。由於親情的培養通常是最容易被父母忽略的部分，因此專家不贊成孩子從上幼稚園或小學起，就到離家較遠的外地去上寄宿學校，否則將會因疏於相處與溝通而使親子關係淡薄。

✔給孩子機會，從行動上去感知

父母不妨把日常工作向孩子說明，或帶孩子去上一兩次班，讓他知道你上班走什麼路線，每天都做些什麼事情，你的工作中有哪些困難；你還可以告訴孩子下一個月、下一年的家裡需要買什麼東西，需要花多少錢。盡量讓孩子親眼看到、體會到父母的難處，而不是只聽父母說「我很辛苦」，唯有孩子真實的體驗，才能更加感恩父母的付出。

✔用親情故事啟發孩子

父母一定要定期抽出時間與孩子談心聊天，並有選擇性地將自己和家中的難處告訴孩子，讓他們也能分擔。此外，透過談話可讓孩子體驗親情，啟發他們孝敬父母的意識。甚至可講述「烏鴉反哺」、「羊羔跪乳」等故事和名人孝順的事例，使其體會孝順父母是一種美德。

面對欲望：付出才有收穫

教養關鍵 QA

Q. **孩子總是亂花錢，絲毫不知節制，花光就找父母拿，該怎麼改善孩子奢侈的習性呢？**

Ans. **讓孩子自己「賺錢」，了解所有事物的獲得都必須有所付出。**

用勞力滿足需求

孩子就像一棵生長中的樹苗，父母給他的養分是最終良莠的關鍵，而現今所指的「養分」其實就是父母本身。試想，初來乍到的孩子首先接觸的環境是家庭，首先接觸的人則是父母，因此孩子最後表現出來的言行舉止可謂是「家教」的縮影。

孩子最終要獨立行走於社會，肩負更多的責任，他們不可能永遠在父母的臂彎裡成長。因此，父母要培養孩子自力更生的能力，杜絕他們「沒錢找父母」的想

法，當孩子了解所有事物都是靠自己的力量換來時，便能在潛移默化中培養孩子沉著應對困苦與解決問題的能力，以適應充滿競爭的社會。

我的一位朋友非常煩惱他國三兒子的浪費惡習，儘管他經常勸孩子要節儉、省錢，但孩子依舊換新球鞋、新球衣，讓他倍感無奈。後來我才發現他兒子的零用錢竟高達八千元，並且也很少過問孩子的花費，久而久之養成孩子奢侈浪費的習性，即便朋友開始管教孩子的用錢方式，但隨著習慣的養成，孩子的觀念也很難改變。

聽完朋友的煩惱後，我便教了他一個方法——讓孩子參與父母的工作環境。由於朋友假日有時也必須到公司加班，因此我請他找兒子一起去，並分配文書工作給他處理，讓他知道父母必須努力工作才能獲得報酬，而家庭也才有經濟來源。並且，我也請他讓孩子適度了解家庭的支出，包括水電費、通話費……等，使孩子懂得每一筆支出都是父母用其心力換來的，進而懂得珍惜與節約。

果不其然，過了半年再問此事，朋友的兒子已有所改變，他說孩子不再亂花錢，電話也不會講超過十分鐘，物質欲望也減少了，甚至孩子還會主動幫忙做家事，分擔父母的辛勞，瞬間成長懂事許多，這也印證了「了解家庭狀況的孩子，越早能獨當一面」的道理。

分析這類型的孩子通常都有喜新厭舊的習慣，例如書包舊了想換新、看到同學有新奇的鉛筆盒就急著跟父母要求。相信諸如此類的情況，每個家庭裡都一定經常上演，假使父母心軟而滿足孩子的需求，將造成他們奢侈浪費的習慣。

由於孩子的要求太容易被滿足，因此便不會珍惜自己的物品，認為只要要求、哭鬧，父母就會買新的，甚至是把自己的物品隨手送人或扔掉，絲毫不知道這些是靠父母辛苦賺錢所獲得的。

作為父母都希望把最好的物品留給孩子，但當我們為心愛的孩子購物之餘，他們無法直接體會取得這些物質，其背後需要花費父母多少心力，因此唯有讓孩子了解天下事物都是付出才能收成，他們才有可能懂得珍惜。

勞動才知事物的可貴

現在的社會有一個現象——許多孩子出生在幸福窩裡，不知何謂「吃苦」。尤其孩子口袋中的零用錢因生活品質提高而漸漸豐厚，再加諸父母多抱持「寧可苦了自己，也不能苦了孩子」的想法，導致他們拿零用錢時心安理得，花費也相當闊綽，全然不知賺錢的辛苦。

因此，在家庭教育中，父母可以鼓勵孩子自己賺零用錢，如讓孩子找代工、打字等單純性質的工作，但必須以國中階段以上的孩子為主，讓孩子了解賺錢的辛苦，以改變浪費的習慣，並學會控制自己的消費行為。

此外，有些父母會以獎酬促使孩子學習或做家事，但專家認為學齡兒童應避免金錢獎勵，以免成為「唯利是圖」的孩子。甚至，若以獎酬督促孩子做事，很容易讓他們出現「有賞才行動」的習慣，而難以激發其潛在興趣。我認為「言語鼓勵」較能激發孩子的樂趣與學習動機，使其在讚賞的過程中建立自信，培養正確的價值觀。

聞名全球的「石油大王」洛克菲勒(John D.Rockefeller），其教育方式不像大眾們所想的會溺愛孩子。事實上，他對子女管教甚嚴，而這也是沿襲他的父親老洛克菲勒的教養方式，因此洛克菲勒的六名兒女，從沒有享受過因金錢所帶來的奢華生活，他們沒有游泳池、網球場與棒球場，並且在洛家莊園裡，所有的孩子都穿著普通的服裝，玩著自己製作的各種玩具，過著極為節儉的生活。

平時，洛克菲勒還會為孩子縫補破損的衣服，甚至要求孩子開墾菜園、種蔬菜瓜果，這除了能滿足自家需求外，還可賣給附近的食品雜貨店，以賺取金錢。而在日常開支上，洛克菲勒規定零用錢因年齡而異，十歲以下每週三角，十歲以上每週一元，十二歲以上每週兩元，且每週發放一次，並要求孩子們記錄所有詳細花費，假使是不正當開支，在下週發零用錢時會適當扣除。因洛克菲勒認為，唯有讓孩子清楚知道自己的開支，他們才懂得如何理財，以培養出儉約的美德。

小兒子大衛（大通銀行創辦人）讀大學時，曾回憶道：「在我們很小的時候，父親就教導我們食物不要剩下，養成隨手關燈，不隨便亂花錢的習慣……因為這是令人憎惡的浪費和懶惰。」其實，洛克菲勒嚴格教育孩子的原因是為了「不出敗家子」，故對孩子進行「平民化」教育。洛克菲勒雖然富甲天下，但卻不會嬌寵孩子，並鼓勵他們憑自己的能力賺錢，以累積寶貴的人生經驗，體會父母賺錢的辛苦，讓孩子明白只有付出才會有收穫。此外，孩子透過自己的勞力賺錢，不但能產生成就感和培養自立，還能蓄積知識和力量，成為他們將來獨立開創事業的基礎。

無數事實證明，過度給予孩子物質上的滿足對其人格養成沒有好處，他們來到這個世界，是必須靠自己不斷摸索以培養能力，而父母則是從旁擔任協助者的角色，引導他們走向正途，進而了解有付出才有收穫的道理。

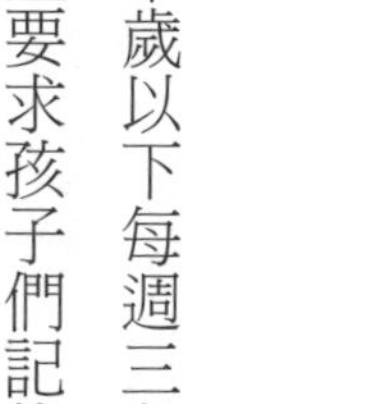

培養賺錢和理財意識

我經常觀察中西教育的差異，發現國外的父母們認為讓孩子越早接觸錢、了解錢並學會如何合理使用錢，將有利於培養孩子的經濟意識和理財能力，以適應未來經濟生活的需要，因此金錢教育成了國外家庭教育的重點之一。

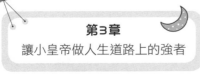

例如挪威的孩子高中畢業大多會先打工，大學則自己安排課程並到各國旅行；德國的孩子，十八歲以下者的零用錢由父母提供，十八歲以上者則自己打工賺錢、規劃理財，但若有很大的花費，如買汽車，父母就會協助負擔一部分。而芝加哥西北郊外是美國首富地區之一，當地居民通常是百萬富翁，但也相當注重孩子的金錢觀。我曾看過一則當地的報導，在一個炎熱的夏日裡，分別有七歲和八歲的孩子在路邊賣一杯一分錢的蘋果汁，而路邊樹下的躺椅上坐著一位打扮貴氣的婦女在看書，並且不時觀望兩個孩子的買賣行為。每當孩子賣出蘋果汁時，便會大聲喊道：「媽媽，又是一分錢！」孩子的眼裡閃著興奮與驕傲，而當天下午竟賺了五塊多。其實，這位媽媽為孩子們創造真實的「買賣遊戲」，目的是為了教導孩子金錢獲得與工作勞動的關係，進而使孩子了解事物的獲取都必須有所付出。

甚至，美國媒體報導歐巴馬總統的女兒薩莎和瑪利亞，都曾透過幫忙做家事以賺取一周的零用錢。歐巴馬還表示，他只給七歲和十歲的女兒每人每週一美元，作為她們做家事的報酬，例如佈置餐桌、清洗碗盤、掃地等。

其實教育專家一致認為，讓孩子透過自己的努力來滿足自己的需求，對其培養感恩的心與樹立正確金錢觀是最佳方法，使其明白勞動的可貴，而這遠比口頭教誨來得更有效。正所謂「寶劍鋒從磨礪出」，讓孩子自己賺錢，不僅有利於培養孩子堅韌的品格，更能促使孩子儘早獨立！

教養小貼示

事實上，讓孩子透過自己的勞力以滿足需求、賺得金錢，是幫助孩子從小培養獨立能力和合理消費習慣的有效方式，並且當孩子付出勞力後也將更能體會父母的辛勞，進而產生「感恩」的心。以下將提出三種方法，讓孩子了解「有付出才有收穫」的道理。

✔讓孩子了解「自己動手，豐衣又足食」的道理

正所謂「一分耕耘，一分收穫」，成功之穗是要靠辛勤的汗水來澆灌。因此，父母可從孩子還小時，利用淺顯易懂的「說故事」方式，以及經常分享國外的事例、經驗，在潛移默化中深植「有付出才有收穫」的觀念，進而培養孩子獨立與感恩的心。

✔讓孩子自己賺錢

孩子透過打工，不僅能獲得報酬，還可解決平時零用錢的問題，以培養自立意識和謀生能力。據說在美國，每年大約有三百萬中小學生在外打工，他們甚至還有一句口頭禪：「要花錢就去打工！」不過，教育專家仍是建議孩子應於國中後再進行打工行為，以免孩子尚未建立正確金錢觀，便成為唯利是圖的孩子。

✔回饋親人培養責任心

父母的義務就是協助孩子體驗世界並懂得回饋社會，這可從家庭中開始。如父母可讓孩子適時付出以回饋親人，例如協助做家事、幫忙照顧弟妹等，以此分擔父母辛勞。甚至，亦可藉由新聞播報第三世界、原住民的資源缺乏，與孩子一同捐出物品以回饋世界，藉此培養孩子關懷之心。

擎天小語錄

・「滿足孩子想學的欲望，給予他無限發展的空間！」

・「以客觀觀點說服孩子，而不是以父母的權威壓制！」

・「父母的角色不是給答案，而是引導孩子找到真理！」

・「當下的聽話，是陽奉陰違的開始；當下的叛逆，是獨立過程的革命！」

・「以身作則，從日常生活養出品格！」

第4章

家庭教育
啓蒙小皇帝理性與自立

~家庭，孩子良好品格的根基

培養孩子「自己事情自己做」

教養關鍵Q&A

Q. **孩子總是依賴父母，不能把自己的事情處理好，該如何改掉孩子這種壞習慣呢？**

Ans. **在安全範圍內，讓孩子從小做自己分內的事，即便做不好也不應動手幫忙，而是讓他多方嘗試！**

窮人的孩子早當家

根據國外調查指出，許多父母不太相信幼小的孩子能處理好所有事，並且當孩子嘗試做一件事時，因生怕他們受傷，所以在自己的視線範圍內，不允許有任何危險因素存在，能保護就盡量讓他安全，能代勞就盡量幫他去做。

再者，由於現今少子化的影響，許多家庭都是獨生子女，這更讓父母心疼、寵愛孩子，以至於喪失學習的良機。

正所謂「窮人的孩子早當家」，由於這些孩子受到生活家計所迫，因而必須讓他們也分擔一部分的責任，並將孩子當作平等的家庭成員來對待；除了希望孩子有生存的能力，他們也不怕孩子失敗，因為孩子們需要透過不同的嘗試來改變自己，進而學習經驗、加強自身能力，以分擔家務，所以他們的父母非常願意放手讓孩子們去做，以儘早培養能力，才能為孩子少擔點心。

呵護過多難自立

在父母呵護下長大的孩子，很少吃苦，甚至連一些簡單的家事也不會，更不要說是擁有堅強的毅力了。並且教育專家也指出，孩子從做家事及勞動的過程中，能找到自我存在的價值，而這種喜悅將超過大人所能想像的，而孩子也能因此增加對勞動的樂趣，進而提升上進心。

美國哈佛大學威特倫教授花費了四十年時間，追蹤觀察了兩百五十六名兒童，其結論是從小喜愛參與家事、勤勞、會做事的孩子，他們成年後不僅能與各種人保持良好關係，並且與較少參與家事、不愛勞動的孩子比起來，其收入會多出五倍，而失業率則是後者的十七分之一，且健康狀況良好，生活也較幸福美滿，進而得出勞動能使孩子提升各種能力，對社會有所貢獻。

因此，讓孩子參與家事，從心理學上來說，對孩子的成長大有幫助。也就是說，孩子在家中擔當一定角色，並透過做家事的過程裡受到大人的賞識，使其找到自我存在的價值。

教養小貼示

其實，孩子在一歲半到兩歲時，大多能了解父母所要表達的基本含意；而五到六歲的孩子則有整理自己房間的能力。但假使父母錯失時機訓練孩子隨手收拾的習慣，往後要教導就會更不容易。因此，父母要培養孩子的自理能力，讓他動手做自己的事應從三到四歲開始，由於此時的他們已萌發自信心和獨立性，所以會希望透過自己的力量來動手完成，而父母亦可透過訓練來培養孩子的自理能力。

✔避免凡事包辦

孩子自理能力是否良好，取決於父母的態度。「孩子不懂事，不能做那麼多」、「課業要比家事重要」等諸如此類的話語不可經常掛在嘴邊，這無疑是阻礙孩子成長。

因此，父母應從日常生活中讓孩子做自己分內的事，如自己收拾玩具、自己倒水喝、自己穿鞋子、自己吃飯、衣服自己折好等，讓孩子從中培養自理能力。

✔表揚多於責罵

當孩子要求做某件事時，父母應信任孩子有能力完成，甚至孩子若出現天馬行空的想法時，父母也不應阻止，而是讓他們嘗試，以從中汲取經驗或教訓。並且，表揚應多於責罵，讓孩子有信心地去獨立完成一件事，以示父母對孩子的信任與尊重，這將能提升孩子的思維模式，使其信心倍增。

✔培養責任心

當父母教導孩子自理生活能力時，便意味著「要為自己負責」，例如收拾自己玩過的玩具、脫下的衣物、喝過的水杯奶瓶、床鋪書桌……等，同時也要教導他們負責任的重要性。

✔「家庭共識」的建立

培養孩子「家庭共識」的觀念，除了打理好自己以外，也要懂得為家庭付出，諸如幫忙擦地板、整理桌面、收拾衣物、隨手關燈、地板髒了隨手擦起等，從家中開始訓練他多做一點，以維持家庭公共區域的整潔；久而久之，孩子除了能自我打理外，也會希望環境更好而懂得為他人付出。

✔放手讓孩子做事

當孩子具備生活能力時，父母便要放手讓孩子自己嘗試。唯有透過自己的努力，他們才能從中體驗成敗，為自己增加生活經驗並建立自信。

我身邊就有一個例子能佐證這項觀念，朋友的五歲女兒親手栽種了一盆蘭花，每天無微不至地照顧並辛勤澆花，甚至要求媽媽買相關書籍讓她學習培育方法，當她看到蘭花一點一滴地成長時，心中總會出現莫名的感動；直到蘭花開放時，孩子也十分驚訝是自己一手培育出來的。對此，專家認為類似像這種體驗勞動的樂趣，可讓孩子進一步認識自己，使其產生成就感。

教孩子承擔家庭責任

教養關鍵Q&A

Q. 家庭責任是每個成員必須付出努力來維繫的，那麼父母該如何建立孩子的家庭責任呢？

Ans. **當孩子年紀小時，先給予簡單的家事，使其了解家庭的瑣碎事宜是需要成員們來維護；待年紀稍長一點，則開始慢慢建立抽象的「責任」觀念！**

責任心是家庭的基石

每位孩子的身上都寄託著家庭對他的無限期望，因此唯有對家庭、父母、兄弟姐妹，甚至是對自己的行為舉止、態度負責，才能立足於社會。身為家庭中的一名成員，孩子既應享受權利，也應承擔被賦予的家庭責任，包括尊重家庭中的倫理關係（尊敬父母、友愛手足），承擔一定的家事勞動數量。如果一個孩子在家庭中的責任心難以確立，將來也難以在社會上立足。

我的台大同學生了一對雙胞胎兄弟，每當他們回答別人的問題時，總是哥哥做主回答，弟弟則是進行一些簡單的補充。雖然他們是雙胞胎，但性格卻大不相同。哥哥開朗、活潑又積極，並且富有責任感；反觀弟弟則是內向、靦腆，有點膽小怕事。但事實上，兄弟倆會擁有這兩種不同的個性，源自於同學與其妻子的家庭教育以及對孩子的形象賦予，因為他們最常對孩子們說的一句話：「你是哥哥，所以要保護、禮讓弟弟，這是哥哥的責任。」由於哥哥被賦予這項責任，因此他從小就擔當起保護者的角色，而弟弟則是被保護者的角色，所以容易依賴哥哥。長久下來，哥哥會因擔起的責任較多而成長較快，但弟弟卻因多數問題都被哥哥承擔下來，所以沒有足夠的機會來訓練自己，在沒有成就感的累積下，就會變得較為內向與自卑。

然而，無論孩子在家中的排行是長是么，責任心都是孩子健康成長的基石，也是孩子擴大人生道路的必備原則。若孩子沒有責任心，則不完整的成長將造就他觀念的缺陷，因而阻礙孩子的未來前途。

時下許多父母都會超越權限，替孩子準備好一切，使其對父母產生依賴感。儘管我們常會看到父母抱怨「孩子做事情都做不好，怎麼教都不會」的情形，但父母

其實也必須捫心自問，當孩子出錯時，你是幫他做好，還是一邊責備一邊幫他處理？又或者你是否會耐心在旁等他完成呢？事實上，孩子唯有不斷地反覆練習，才能學得技巧，進而增進能力。所以，與其在孩子長大後不斷抱怨、責備，不如在孩子塑型期時加強訓練，使其越早學會打理自己。

堅持「自己做」的意志

根據教育專家指出，父母在培養孩子責任感，往往會有這樣一個誤區，意即父母會因為孩子還小而幫他把所有的事情都做好，包括整理玩具、穿衣服、穿褲子等，如此一來，孩子將失去主動性及獨立做事的機會。一旦孩子長大到小學高年級或是國中時，即便父母想讓他獨立做一些事，孩子這時會因能力不足而無法處理。接著，就會出現父母一連串的埋怨、著急，認為孩子不懂事，甚至覺得自己的辛苦沒有得到回報。

其實，要教導孩子承擔家庭責任，父母可透過期望、鼓勵、獎懲等方式，督促孩子履行職責，培養責任心。也就是說，父母可表達希望孩子學會的技能，並透過規定給予孩子培養習慣的準則。例如，王蕊、王浩還小時，我便要求他們維持房間整齊（期望的表達），當孩子們表現良好或完成打掃工作時，便會立即稱讚他們「做得很好」，甚至對一些細節行為加以表揚（鼓勵的表達）；但是房間若出現雜亂，便會給予懲罰，如取消隔天點心、不准看電視等（給予責罰），讓孩子意識到維持房間整潔是自己分內的事，並透過獎懲來督促孩子自律。

試想，若孩子房間雜亂，父母便開始幫忙整理，其實是剝奪了孩子為家庭承擔責任的機會，不僅不利於孩子自理能力的訓練，甚至他們會因自己做不好，父母代替完成，而感到能力不足，使其自信心降低。因此，為了讓孩子能擁有負責與堅強的意志，父母的心有時要「狠、硬」一點，讓孩子在承擔責任中磨練自己，提高對家庭負責的意願和能力，以為孩子的未來打下良好基礎！

教養小貼示

父母要讓孩子明白，作爲一名合格的家庭成員，必須承擔起家庭責任，藉此培養對自己、對他人以及對任何事物的責任心。而國內的教養專家認爲，父母應讓孩子從家庭做起，其方法如下：

✓給予孩子充分的信任

孩子的自信心並非與生俱來，他們要透過數萬次的肯定才能建立。而當孩子被信任，甚至被認為有能力且為人所接受時，才有信心去關心更多的事物。相反地，當孩子缺少被他人信任的機會時，其能力便只能在被質疑中度過，而在喪失信心的同時，責任感亦消失殆盡。

日常生活中，許多父母往往會代替孩子包辦瑣碎事宜，但這並不是在幫助孩子，而是在坑害他們。父母畢竟不能陪伴孩子度過一生，當他們踏入社會、獨自面對風雨的時候，會因沒有信心與責任的根基而被摧毀。有鑑於此，父母應避免陷入「孩子還小、對孩子處處不放心、給予孩子過度保護、任何事都替孩子安排處理、替孩子解決所有問題」等包辦泥淖，長久下來，其責任感將在萌芽狀態時就被扼殺掉，故父母唯有信任他們，才能逐漸展現自己的能力。

✓父母應盡到自己的責任

一般來說，父母在孩子心中都具有絕對的權威，所以父母的言行舉止對孩子的影響深遠。假使生活中，父母經常表現出不負責任的行為，即使這時想教育孩子做事要有責任心，他們也不會心服口服，甚至會對父母的說詞不以為然。反之，如果對待學習、工作都是認真、負責的態度，孩子也會在耳濡目染之下，建立責任感。此外，父母也可時常與孩子談自己的工作，把自己完成一項計劃、克服困難後的愉悅和成就感傳達給孩子，使其具體感受到責任意識在生活中的重要性。

✓讓孩子養成動手習慣

責任心的培養，要透過孩子自身的實踐與體驗來建立，父母若越俎代庖是無濟於事的。而有些父母因擔心孩子少帶上學用品，便會代替他們整理書包，幫他們檢查作業，事實上這是責任心的「錯位」和「越位」。唯有讓孩子自己承擔失責的後果，他們才能了解上學、讀書是自己分內該做好的事，以此培養負責的意識。

建立孩子的家庭責任心應從「大處著眼，小處著手」，讓孩子感受到家事責任的重要，並當孩子完成時給予鼓勵，如倒一次垃圾、洗一條毛巾等，而失責時則應給予批評和懲罰。唯有如此，孩子才能走出以自我中心的「小皇帝」思維，強化其責任心。

給孩子參與家庭會議的機會

教養關鍵Q&A

Q. 在成長過程中，孩子對家庭的向心力越強，便越能投入家庭事務中，究竟父母該怎麼做呢？

Ans. **當孩子具備表達能力並擁有思考力時，應讓孩子多多參與家庭事務的討論，並避免對孩子的言論進行批評與否決。**

授權孩子安排計劃

孩子其實天生就對「家庭」具有歸屬感，但關鍵在於父母能否讓孩子持續維繫，假使父母一味拒絕孩子的意見、不讓孩子參與家庭會議，等於是將孩子驅趕在家庭之外，久而久之，孩子會出現冷漠、對事情毫不關心的態度。因此，父母必須積極讓孩子參與討論，尊重孩子提出的任何意見，並且適時授權給孩子安排計劃，使其從中建立自信，培養他有效規劃與分配的能力。

而在授權孩子企劃與執行的過程中，父母必須對孩子進行積極引導。並且，當孩子表達自己的想法時，父母一定要認真配合，儘可能正確且肯定他們所安排的計畫。有時孩子因為經驗不足或理解能力不佳，導致某些活動無法執行，這時父母必須協助孩子認清現狀與其難度，以改善孩子的計劃與想法。切勿潑孩子冷水，應以讚賞且正確的方法幫孩子修正，甚至對其安排表示認同與接納，如「你的想法很好，能符合大家的需求，不過稍加調整會更好」、「你的安排不錯，但先算數學會讓你的學習更流暢」等，在這種情況下，孩子也會願意調整自己的活動，讓其計劃更符合期待。

而要求孩子更改他們的計劃時，不僅要注意措辭，說話的語氣也務必柔和。事實上，這將比嚴厲的責備更能贏得孩子的信任和敬愛。若將「我有些累，實在沒體力去動物園玩，可不可以貼心地換個計劃呢」與「你們只想到自己，不知道我的辛苦，還要我陪你們去動物園，真不懂得為別人著想」相比，雖然同樣是請孩子更換計劃，但給人的感受卻是天差地遠。

因此，父母在表達建議時，要特別注意自己的非語言動作，如表情、神態及肢體行為等。假如父母臉色陰沉地對孩子說：「我覺得這個計劃很糟糕，根本沒有考

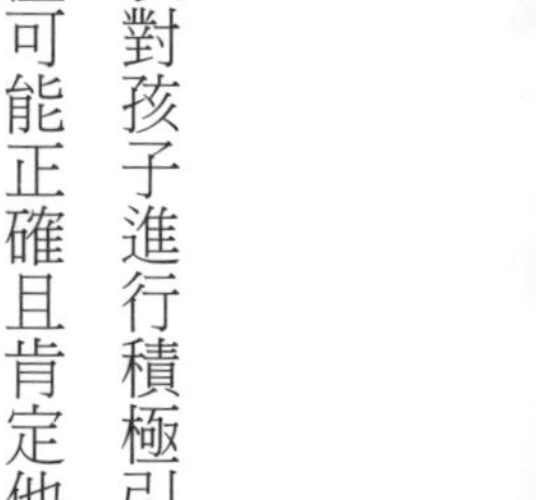

慮到預算……」孩子馬上就會感受到負面訊息——我沒有這個能力安排好計劃，因為媽媽（爸爸）根本不相信我。所以，當父母要反對孩子的意見前，請先將準備對孩子說的話在心裡默念一遍，若用字遣詞也讓自己感到不舒服，就請換個方式表達，帶著微笑與孩子進行溝通。

作為父母，應當關心孩子成長過程中的問題，並且相信孩子的能力，允許他們獨立安排活動，甚至也可給予孩子一些問題、責任，讓孩子自行解決，在趣味與愉快的氣氛下，學習更多元的成長議題，使孩子從中習得經驗。

例如文化大學社福系前幾年所舉辦的寒暑活動營，便是以幫助孩子獨立思考、自行計劃與增進團體合作等為宗旨，給予孩子「問題」讓他們自由發揮並解決，以此訓練他們獨立思考與安排計劃的能力。

魯迅先生曾說過：「小的時候，不把他當人，大了以後也做不了人。」因此，孩子們在其成長過程中，非常希望能得到大人們的認可，而父母可利用家庭事務的討論，讓孩子證明自己的能力，如讓孩子參與家庭理財預算、商討較為重要的物品採購……等，當孩子的意見被接納與肯定時，將成為他們能力與自信心提升的泉源動力。

傾聽孩子的內心聲音

進行家庭討論時，父母必須傾聽孩子內心的聲音，以深入其真正想法。還記得在王蕊三年級時，媽媽幫她買了一個書包，未料女兒卻跟媽媽說：「我不太喜歡這個書包的花色，我下次能自己選嗎？」聽完女兒這番話，媽媽並沒有斥責，反而笑了笑，摸摸她的頭說：「寶貝，長大了喔！開始會想自己選書包了呢！」其實，這意味著孩子已經產生獨立意識，故父母應懂得放手讓孩子選擇，給予他獨立行事的機會。

此外，由於孩子是家庭的一分子，所以有關家中的大小事宜，都應讓他參與討論，從另一方面來說也是對孩子的尊重。例如家裡的椅子壞了、房間牆壁脫漆該粉刷、是否要養寵物等，這些都可以在家庭會議討論時請孩子提出意見，接著再要求孩子說出理由，給予他們發言的機會。

然而，雖然名為「家庭會議」，但舉行的方式可以是輕鬆且有趣的，藉此讓孩子提高參與的意願。舉例來說，選定每個月第三個星期天的下午舉行家庭會議，大家可以一邊喝茶、吃點心，一邊討論家庭事務，而主題並非侷限在物質層面，例如孩子與兄弟姐妹間出現的爭執、學校問題等，都可藉此時機討論；甚至是聊天、玩遊戲、說故事、猜謎等亦可，在透過愉快的親子活動中，不僅能加深家庭成員的親密關係，還能進一步了解孩子的想法。

並且，父母也必須了解家庭會議的目的是空出時間來認真聽孩子說話，如果因要事取消，必須先徵詢孩子的意見，以示尊重，讓他們了解家庭會議的重要性，而父母也盡量不要任意更改日期或取消。

此外，家庭會議進行時，父母應避免高談闊論，應讓孩子多多發表意見，而不是急著反對，鼓勵他們勇於表達想法，爭取他人的認同。讓孩子知道表達自己的意見、清楚陳述自己的想法是很重要的事，讓孩子能感受到自己的意見被期待，並儘可能訓練他完整地陳述，進而有效整理思緒中的邏輯，發展其意見表達力。

教養小貼示

父母們常會擔心孩子過於干涉或操心家庭事務，會影響他們的情緒，所以總是盡量不讓孩子參與家庭會議，但這其實並沒有益處，而只會讓孩子減少對家庭事務的關心。因此，父母應多與孩子進行家庭會議，並著重在雙方的正

向溝通，使其從中獲取正確觀念，精進表達力，以下爲親子討論時應注意的話術：

✔多跟孩子說：「你其實是想說什麼？」

許多父母和孩子之間經常缺少溝通，並只會一味地幫孩子安排；甚至，還有一些父母喜歡「誇耀自己，貶低孩子」，如「你看，我就知道你做不到，我像你這個時候早就能獨立作業了」等這些負面言語，它們就像是慢性毒藥，在不知不覺中侵蝕孩子的心靈，長久下來會削弱其自信心，並降低自我評價，進而喪失了勇氣和信心。

但是，透過密切地家庭會議，可幫助孩子深入了解和表達自己的情緒，此時父母除了以溫和的態度來詢問「你其實是想說什麼」，來消弭孩子的心防外，父母還可分享自身經驗或提供建議，讓孩子逐漸學會如何解讀自己的內心感受，進而疏洩情緒。即便是父母不在身邊，孩子也能清楚地向周圍人表達自己的感受，以理性的態度來陳述問題。

✔多跟孩子說：「你來試著幫我解決這個問題吧！」

「你來試著幫我解決這個問題」是信任孩子、相信有其能力的肯定句，它可以讓孩子感覺到自己是受到尊重並獲得肯定的，因此唯有父母相信孩子的能力並放手讓他嘗試，孩子才能激發潛能，勇於接受任何挑戰。

✔多跟孩子說：「每個人都有自己需求的原因。」

「丁丁有玩具車，我也要」、「隔壁阿姨都讓他小孩吃冰淇淋，你也買給我吃」、「他可以，所以我也可以」……這句話相信父母們都耳熟能詳，而這也是孩子們最常用來討價還價的話術。而父母可藉由家庭會議的方式，清楚告訴孩子：「每個人都有自己需求的原因。」讓孩子了解「想要」與「需要」的差別，並且只有當我們真正有需求時才能得到。

讓孩子參與社會公益

教養關鍵 Q&A

Q. 現今孩子缺乏感恩以及關懷他人的心，究竟該如何改善呢？

Ans. 與孩子一同參與社會公益活動，協助弱勢族群，讓他體驗到世上還存在著環境困厄的人，使其培養感恩之心。

給予孩子體驗的機會

在溫室中生長的花朵，不知日曬雨淋的折磨；在宮廷中生活的小皇帝，不知人間疾苦與困厄。唯有跨出以「悉心呵護」所建造出的保護城，並親身體驗人世間的種種困難與挑戰，感受他人的喜怒哀樂，才能將心比心地為他人著想，替人們貢獻自己的心力。

其實，我觀察這些年補習班學生的素質與自己公司內部應徵進來的員工，發現

他們大部分的特質為沒耐心、耐挫力低、問題解決力不高等，而他們之所以會出現這些情形，絕大多數都是來自家庭的過度保護。由於父母擔心孩子在外被欺負、受委屈，所以當孩子遇到問題時，通常都會跳出來幫忙解決，而父母的「逾矩幫忙」是導致他們挫折耐受力及問題解決力較低的原因。此外，父母的包辦也將阻礙他們培養感恩的心，長期下來孩子不僅無法具備獨立自主、感恩世界的能力，甚至還有可能誤入歧途。

因此，為孩子包攬一切、在溫室中培育花朵、在皇宮中培育小皇帝，是一種錯誤的教育方法。父母應有此認知，孩子是不可能永遠在自己的保護之下成長，儘管溫室的花朵開得多麼豔麗，最終依舊禁不起風雨的打擊。所以，與其等孩子大一點之後再來面對問題，不如現在讓孩子接觸社會、遇點挫折，教導他們從容應對，在社會歷練中壯大能力，感謝他人的幫忙、感謝敵人的激勵！

對孩子來說，鼓勵他們參加社會公益與活動，可藉由付出心力、感受人間疾苦來培養自我價值，而這些都是平時在家中，父母無法給予的體驗。但是，有些父母認為參加社會活動與公益會影響孩子的學習，我認為這是把「學習」的概念理解得太過狹隘了。真正的知識，是來自於一種事物發展規律的正確認識與經驗，如果孩子沒有任何社會經驗，那他所謂的「知識」就只是從書上所學習的「死知識」了。而唯有將其活用才能讓孩子更確立自己的價值，甚至發揮孩子創造與解決問題的能力。

我的一位學生曾分享他小時候參加人本教育基金會戲劇梯的情形。當時還是小三的他第一次離家，並獨自與新夥伴共同生活五天，他還記得當時內心充滿害怕，因為一切人、事、物都很陌生，並且當地環境真的就是遠離市區的營區，在這兒沒有便利商店，也沒有任何小攤販，甚至洗澡間的熱水有時還會出現溫冷的情形，這對從沒嘗過苦的他來說，相當不適應。

此外，還有許多事變得必須獨立完成，包括自己盛飯、夾菜、摺衣服、打理自己……等，而由於第四天晚上就要發表與同隊組員的戲劇演出，所以他們也在之前的籌備過程中進行積極討論、合作並排演，而在那天晚上，他們也做出完美的演出。

後來，我問他：「你在營隊裡有學習到什麼技能或啟發嗎？」他笑笑回答：「有啊！我從自我打理中，培養了生活能力；從互助合作中，了解團隊的重要性；從困難問題中，找到解決方法的出路；從環境不佳中，感恩父母把我照顧得這麼好！」聽完這位學生的回答，我知道他從這段經歷中，瞬間懂事、成熟了許多；我也進一步了解到唯有讓孩子去真實的體驗，才能將良善的品格深植入心！

學習珍惜身邊事物

事實上，我深入觀察各國的教育模式，發現國外父母其實很願意讓孩子受點苦，使其珍惜、感恩身邊事物。以美國、日本來說，許多當地中小學校甚至幼稚園都非常流行「吃苦教育」，為了讓現今不乏吃穿的孩子們明白幸福的生活中還有苦的滋味，使其意識到世界上還有許多吃不飽飯、需要同情和援助的人，因此一些學校或團體組織，還讓學生進行「飢餓課程」，讓他們體驗真實的飢餓感。

此外，為了教育孩子們懂得珍惜糧食，學會同情窮人，部分學校甚至將「憶苦教育」設為必修課。例如位於美國馬里蘭州（Maryland）的溫頓小學，連續開辦三天的「體驗貧困課程」。每當吃午飯時，大多數學生都必須扮成流浪漢、乞丐或者窮人，到學校設置的大鍋前排隊領取食物，而他們要來的飯菜不僅無法吃飽，且食物也相當克難，有時甚至是些難以下嚥的水煮馬鈴薯！此外，學校還配合憶苦教育，為孩子們講述美國人過去的生活，告訴孩子們即使在當今的美國，每年至少仍有一百萬無家可歸者；而在全世界，則有兩億多人生活在貧困當中，以及依靠乞討為生的窮困者。

由上述國外教育的例子可知，現今的教育主軸就是教孩子學習感恩與獨立。因此，父母可盡量鼓勵孩子積極投入社會公益，甚至父母亦可嘗試在寒暑假期間，為孩子安排一份簡單的零工，主要以「服務性質」為主，如幫鄰居阿姨照顧小孩、到開店的叔叔那兒幫忙、協助發傳單等，並且這類性質不會耗費太多體力，但卻能很容易讓孩子在工作過程中獲得成就感，故父母可多加安排。

此外，孩子在工作中，透過扮演不同的角色，能親身體驗工作的辛苦，進而體會父母工作的艱辛，並分擔家務。而且，他們還可培養勤儉節約的意識，改正浪費奢侈的壞習慣。從工作的瑣碎環節中，收穫許多良好的工作觀念，如培養不屈不撓的精神、做事認真負責的態度、體會為他人服務的樂趣、建立適應社會的能力和心態；甚至更能尊重和珍惜他人為自己所做的一切。

教養小貼示

培養孩子感恩、獨立行事的習慣，唯有透過父母不斷灌輸觀念，使其親身經歷，才能爲他們樹立良善品格、提升能力。究竟，父母該如何與孩子一同參與社會服務，在日常生活中又該如何建立孩子觀念呢？

✔鼓勵孩子參與社會服務

走向社會是每個孩子必定經歷的人生課題，參加社會服務，能讓孩子在成長道路上開拓視野、增長智慧。最重要的是，透過親身經歷能感知社會現實狀況，以珍惜現在的生活。因此，父母應鼓勵孩子參與社區服務，並起身帶領孩子一同行動，建立孩子樂於助人的觀念。

✔從小培養服務他人的意識

想讓孩子自立，應從小開始，讓他們儘早了解腳踏實地、凡事不能眼高手低的重要性，以培養孩子為他人服務的意識。如此一來，將能在孩子幼小的心靈中，培育起對社會的責任感，開闊其眼界，學會獨立生存並與人友好交往，為即將面臨的人生道路儲備能力。

擎天小語錄

- 「傾聽，才能走入孩子的心靈深處。」
- 「寬容，是孩子發揮潛力的推手！」
- 「尊重、感恩、同理，構成『品格金三角』！」
- 「正向管教，是指引孩子朝正確方向邁進的明燈。」
- 「聆聽與溝通，建立親子間想法的『公約數』！」

第5章

杜絕小皇帝的10句正向語

~肯定，孩子心靈成長的養分

勇敢面對就能戰勝困難！

教養關鍵Q&A

Q. 當孩子遇到挫折而感到沮喪時，該如何鼓勵他呢？

Ans. 告訴孩子「勇敢面對就能戰勝困難」，給予他們足夠勇氣！

提升孩子「逆商」

現今社會中，培養孩子的情商（EQ）比智商（IQ）更顯得重要，甚至近幾年還延伸出克服逆境的逆商（AQ），並也成為現今父母最重視的教育目標。讓孩子接受挫折教育，對塑造其完整人格，以及幫助事業的成功，都具有積極意義。因此，父母不應束縛孩子的行動力，應讓他們在人生的海洋中去搏擊，從中壯大能力才能禁得起往後未知的風浪而不至於被淹沒。

此外，心理學家們還為挫折下了定義：「挫折是一個人從事有目的的活動時，因遇到障礙和干擾，導致需求不能被滿足時的一種消極情緒狀態。」由此可知，父母應將心比心地了解孩子受挫時的消極情緒，幫助他們以積極的態度去面對，鼓勵孩子「勇敢面對就能戰勝困難」，否則孩子將會因過度受挫，而失去信心，變得十分自卑和軟弱。

有一次，我和一位同事聊天，她說之前她女兒因失戀哭了好久，後來聽女兒說是男朋友劈腿，雖然她立刻跟對方分手，但內心始終放不下。看到女兒如此傷心難過，她便帶孩子出去玩，並在玩樂的過程中安慰、鼓勵她：「我了解失戀讓人很難受，尤其男生還背叛了妳，但是妳應該振作起來，使自己生活得更好，讓對方知道他並沒有重要到會影響妳的生活。況且世界上還有很多好的男生，下一個一定會比他更疼惜妳，只要妳能勇敢面對、接受事實，就一定能戰勝這個難關的！」女兒聽完後，眼眶泛著淚，雖然她點點頭表示認同，但還是能感受到她難過的情緒。過了半年多，她的女兒因後來發憤念書，不僅考上了師大，並且還交了一位優秀學長的男朋友呢！

其實，針對同事女兒的情況來說，孩子能成功歷經失戀過程，我相信同事在日常生活中，必定經常灌輸孩子勇敢面對、戰勝困難的觀念。由此可知，提升孩子的挫折忍受力，他們才能在遭遇困難後走出陰霾，還給自己一片自信藍天！

平靜受傷情緒的魔法

父母是賦予孩子自信的重要關鍵！假使孩子在努力達到目標的過程中遇到困難，但父母卻沒注意其身心狀態並引導孩子情緒的話，會加重他失敗的挫折感，甚至嚴重侵蝕孩子的自信心。因此，父母必須時時關心孩子，一旦發現孩子出現負面情緒，應給予他足夠的勇氣去面對，鼓勵他們走出受挫的困境。

除此之外，父母也最常遇到幼兒或學齡兒童無來由地任性，這時父母絕對不能退讓，應乘機建立「並非事事都能順心」的觀念，讓他感受一點挫敗感，甚至專家建議對年紀較小的孩子應「置之不理」，主要目的是讓孩子體驗到自己的無理行為並不能解決任何問題。因此，當孩子出現挫敗情緒時，父母不要限制孩子發洩，以下為協助孩子平靜情緒的四種方法，供父母參考：

1. 帶孩子接觸大自然

一開始，可帶孩子去能引起其興趣的地方，用外界豐富多彩的大千世界引起孩子的注意力。如在環境優美、怡人的自然環境中放風箏、騎腳踏車或是踢踢足球，

以戶外活動幫助孩子釋放精力，有助於改善其低落情緒。

2. 請孩子為他人服務

讓調皮的孩子多動手為自己或他人服務，將其動力轉變成服務人群的活力，適度引導他們「做對的事」，不但能激發孩子的興趣，更可藉此紓解鬱悶。

3. 讓孩子協助父母辦事

父母與孩子一同購物時，要求孩子幫忙推購物車，協助父母算帳，這對充滿好奇心的兒童來說，不僅能在過程中增加其自信心，同時還具有培養耐心、轉化情緒的效果。

4. 用音樂轉化情緒

用音樂化解孩子情緒也是良好的選擇，可培養孩子對音樂的興趣，養成對音樂的欣賞能力，幫助他們緩和心情。

由此可知，父母應抱持正向理念，幫助孩子走出正向人生。故當孩子不能面對

挫折時，父母須以樂觀的情緒與言語感染孩子，如「我們只要勇敢面對，就一定能戰勝困難」、「這點小事一定能克服的，我們一起想辦法」，鼓勵孩子正視問題並解決。當孩子長期在正面積極的環境中成長，他們就更能獨立面對困難和挫折，完成人生賦予自己的各種逆境和苦難。

教養小貼示

英國哲學家培根（Roger Bacon）說過：「一切幸福並非都沒有煩惱，而一切逆境也絕非沒有希望。」其實，生活中的失意隨處可見，作爲父母並不能爲孩子承擔一切，應給予他面對與解決的勇氣，協助孩子脫掉脆弱的外套，跨過阻礙的高牆，只要能鼓足勇氣面對，挫折與苦難便是人生的老師，未來也將會是一個全新的視野。而教育專家針對生性懦弱、嬌生慣養的孩子，提出幫助他們勇敢面對挫折的方法，以供父母參考：

✔生性懦弱的孩子如何面對挫折？

1. 幫助孩子正確認識「挫折」

父母可透過講述英雄人物成功前所經歷的挫折，或父母小時候遇挫時的故事，讓孩子懂得生活中隨時可能會遇到困難，只有勇敢地去面對和克服，才能壯大自己的能力。

2. 分析問題點，自我激勵

父母可與孩子一同分析失敗的原因，並教孩子積極面對挫折，如可自我鼓勵：「這次雖然沒得到第一名，但比之前進步很多」；或是教孩子找出自己的特質，彌補另一處的不足，如孩子跳舞不行，但繪畫不錯，因此父母可鼓勵孩子朝此發展，使其培養自信心。

✔嬌生慣養的孩子如何面對挫折？

嬌生慣養的孩子，其性格多為自大、驕傲，認為自己比別人優秀。此時，父母不妨適度收起稱讚語、冷落孩子一點，讓他知道「人外有人，天外有天」。如利用一些機會讚揚其他孩子的優點，慢慢讓孩子習慣「有人比他更好」的事實，不僅能激發孩子的上進心，更能培養他虛心的態度。

另外，孩子若出現無理取鬧的情況，也應堅決制止。甚至在日常生活中可有意地設置一些困難，如讓他自己穿衣、鋪床、收玩具等，鼓勵孩子自己的事情自己做，不會的事情學著做，使其充實內在能力。

✔為孩子提供獲得成功的機會

根據孩子的個性特點、能力水準，父母可適當要求孩子做自己能力範圍內的事，透過成功來進行自我激勵，以獲得信心。之後，父母可再進一步觀察孩子的各項實力，設置一些須經過努力才能克服的困難，使其在解決問題中不斷前進，以積極正視「挫折」。

教養NG語句

1.「這點事也做不好，真是沒用！」
2.「放棄吧！你沒有這個天分！」
3.「你別難過，爸爸（媽媽）幫你處理！」

你必須對你的行為負責。

教養關鍵 QA

Q. 當孩子亂發脾氣、無理取鬧時，該如何改善呢？

Ans. 告訴孩子「你可以選擇繼續哭鬧，但你必須對你的行為負責」，並且父母應立場堅定地讓孩子承擔其行為後果！

還給孩子「情緒」選擇權

家庭教育是影響孩子未來成就的起點，因此孩子的性格將隨父母的態度、言語而改變。「寵愛」會使孩子的自制能力變差，並任意亂發脾氣；而「理性」則使孩子能有效控制情緒、遇事冷靜，並及時找出解決方法。

生活中經常會發生一些不愉快的事件，並且往往影響人們的情緒，尤其是遭受挫折時，會出現沮喪、抑鬱，甚至是無理取鬧等負面情緒，當然孩子也不例外，諸如得不到自己想要的玩具，就會開始吵鬧；被別人拒絕，便會衍生出憤怒的情緒等，這時父母可將情緒選擇權還給孩子，告訴他「你可以選擇繼續吵鬧或生氣，但你必須對你的行為負責」讓孩子有選擇情緒的機會，並表達出父母不會因此而妥協的決心，故後續孩子接受懲罰時，應讓他了解這是他自己做出的選擇必須自行承擔。而父母也應加以教導孩子遇到問題時，必須理性面對而非情緒化的吵鬧，培養孩子冷靜處事的積極心理。此外，父母也應避免在孩子哭鬧或是發脾氣時，訓斥或打罵孩子，否則將會強化孩子的消極心理。

美國《父母雜誌》的教育專家們，曾表示「小小挫折能提高抵抗力」，如果父母讓孩子生活在沒有失望、挫折、壓力、眼淚等過度保護的環境裡，就如同把恐懼、痛苦、失落等「慢性毒藥」包裹厚厚的「糖衣」，送進孩子口中。因此，適時的挫折與障礙是避免孩子任性胡鬧的良劑。

做情緒的主人

數年前，台灣某位大學生因無法接受自己的前女友另結新歡而開車輾斃她，並且還倒車壓過第二次，其慘忍的手法令人髮指。在記者追查此案後發現，其母親從他還小時，即以物質滿足孩子所有需求，由於這位母親經濟闊綽，因此孩子每次遭逢挫折時，就會給他零用錢以發洩情緒，使其認為自己有權利擁有世間一切，甚至是情感。或許這種教育只是教出一個沒有耐挫力的消極孩子，但嚴重者則可能會做出傷人、傷己，甚至是傷害社會與國家的事，足見父母不理性教育的嚴重後果。

其實，當孩子需求不被滿足而出現負面情緒時，父母不應只是用消極的方式轉移孩子情緒，這就如同孩子生病時，不對症下藥，卻拼命餵孩子吃「止痛藥」一般，最後可能連孩子的性命都不保了。其實，當孩子遇到問題時，父母除了陪伴孩子走過這段成長過程外，同時也要能教導他們正確處理害怕、生氣、失望、尷尬、傷心等情緒問題。父母應多傾聽孩子，猜想他的感受，然後再給予輔導，如此孩子才能從困境中習得經驗，建立成熟的品格。

家庭是孩子的心靈港灣！因此，父母必須讓孩子學習控制情緒，首先應盡量使孩子能在合理範圍內有充分表達情緒的權利，他們才能發展健康的心理而不會過分壓抑或宣洩。然而，有些個性極端的孩子，其情緒表達難免會過於激動，如因發脾氣而與別的孩子爭吵打架、頂撞長輩和老師，或者情緒一來便碰頭捶胸、摔砸物品等都是失控的表現。遇到這些情況時，父母必須嚴厲制止，讓孩子知道發洩情緒有一定的界限，不應損害別人的利益和毀損物品，並讓孩子了解自己是他們吐露心情與祕密的對象，藉此讓他們敞開心扉，教導他們控制脾氣，成為自己情緒的小主人。

教養小貼示

溺愛孩子，會讓他們認爲自己發脾氣是正確的，因父母的認同便代表孩子的「通行令」，而這只會助長孩子的壞脾氣。然而，父母不去理解孩子的情緒，而只是一味訓斥，並阻止他發言的權利，孩子將會缺乏用正確的語言來表達情感的機會。究竟，該如何正確對待孩子無理取鬧的行爲以及幫助他們學習控制脾氣呢？

✓理解哭鬧是孩子的本能

假使父母自己都不能良好地管理情緒，對待孩子的態度想必是負面的。例如孩子哭鬧時，父母若是以逃避、不耐煩、粗暴的態度來面對孩子，那孩子往後也會以同樣的方式來對待別人。

孩子哭鬧和發脾氣是因其不知道該如何控制情緒，所以藉此發洩心中的不滿。而父母此時不應壓抑孩子的情緒、禁止他們哭泣，而是要幫助孩子逐漸學習如何透過正確及健康的方式來發洩，並進一步訓練孩子用理性的態度表達自己的需求與不滿，使其能被他人所接受，平靜自己的心情。

✔與孩子進行有效溝通

實際上，溝通沒有固定模式，父母必須根據孩子的特點，創造自己的溝通方式。例如一位孩子的個性內向，沉默寡言，但脾氣暴躁，一般的溝通方法難以打進孩子心理。於是，他的母親觀察出孩子喜歡聽音樂、寫作和閱讀，於是經常與孩子一起到書店，聽孩子向自己講述故事和書中人物，以此了解他的想法和感受；此外，她還和孩子一起聽音樂、當孩子作品的第一個讀者，不斷進行鼓勵，而孩子最終也慢慢調整成溫順、理性的個性。由此可知，成功的親子溝通沒有特殊祕訣，只要有心與孩子成為朋友，就能找到適合自己與孩子的溝通管道。

✔幫助孩子找到合理發洩情緒的方式

父母要幫助孩子學會用語言表達內心的感受。例如孩子因為媽媽不帶他去吃漢堡而哭鬧時，媽媽可表示理解地說：「我知道你現在很想去吃漢堡，但我們約定一個月只能去一次，今天不能去，我知道你很遺憾，也能了解你的難受。」以此幫孩子表達內心想法，而孩子會因被理解進而快速撫平難過心情。長久下來，孩子也能學會用語言來代替哭泣以表達不滿。

假使孩子繼續無理取鬧，父母也不可縱容，或者滿足孩子的無理要求，應讓孩子知道無理取鬧是要為自己的行為付出代價，以此逐漸培養孩子用合宜的方式表達及其為自己行為負責的態度。

教養NG語句

1.「閉嘴，不准哭！」
2.「小寶貝，求求你別鬧了！」
3.「好好好！你要什麼我都給你！」

我相信你會做出理想選擇！

教養關鍵 Q&A

Q. 孩子經常猶豫不決，無法決定事情，該如何改善孩子的個性呢？

Ans. **告訴孩子「我相信你會做出理想選擇」，給予他們自信與獨行的機會！**

由自立變自強

每個孩子終究都要離開父母的懷抱，去經歷社會的洗禮，因此父母放手的越早，孩子就能越快獨立。誠然，保護孩子是父母應盡的職責，而父母更應該給孩子「放行」的機會，並讓他們知道「自己相信孩子的選擇」，但也要教導孩子承擔其行為果，讓孩子勇於面對困難，處理問題，如此孩子才能由自立變為自強！

我曾在親職講座中說了以下這麼一段故事，以供父母作為省思：

從前，有一位漁夫的捕魚技術相當高超，在當地被尊稱為「漁王」。但是，漁王的五個兒子卻都沒傳承到他的傑出技巧。漁王感到很納悶，便向當地的智者請教：「我的捕魚技術這麼好，為什麼他們的技巧都這麼差呢？我從兒子懂事到現在都一直傳授我的技巧，凡是我總結出來的經驗，都毫無保留地給他們。可是為什麼他們的捕魚技術甚至還趕不上其他平凡漁夫的兒子呢？」智者聽完他的敘述後，問道：「你一直是一步步地教他們，而沒有讓他們自己做嗎？」漁王點點頭。智者回答：「這就是答案了！你雖然傳授他們技術，卻不放手讓他們自己去捕魚！」

由此可知，漁王的失敗在於只教給孩子自己的經驗，卻沒讓他們真正地實行，經歷挫折，吸取教訓，甚至面對失敗。而在現實生活中，也有很多父母是像漁王般教孩子技巧卻沒讓他們徹底實踐，以致於無法增進能力。因此，唯有讓孩子放手一搏，感受成功的喜悅與失敗的苦痛，孩子才能內化經驗以提升能力。

用「心機」讓孩子自我管理

保護過度，甚至幫孩子做決定，是其成長道路上的溫柔陷阱。根據教育學者多年的調查發現，多數父母常擁有下列心理：

1.「我經常不允許孩子做一些同齡人可以做的事情，因為害怕他會出事。」

2.「我非常擔心孩子的健康，所以他的餐具、衣物都會清潔地相當乾淨，如果孩子要幫忙我會覺得他洗不乾淨。」

3.「如果孩子沒有按照我的期望去做，我會感到不安。」

4.「如果孩子的要求我不能接受，我會說：『這個要求，我不能答應你。』」

5.「我喜歡孩子按照我的命令與期望去做事。」

6.「我無法接受孩子從小要吃苦的觀念，那是沒有根據的理論。」

7.「我經常會掛記孩子，如過馬路、在外面吃飯時，常會想孩子走路有沒有看車、中餐有沒有好好吃等。」

8.「孩子常常向我抱怨我管得很嚴。」

9.「別人認為我對孩子的關心，有時候是相當誇張的。」

10.「孩子就應該做孩子的事，我不會讓他做超出能力或不符年齡的嘗試。」

由此上述可知，父母過度的保護及限制都是阻礙孩子前進的絆腳石，其實教育並非逼迫孩子來認同父母的意見。專家建議，父母必須運用一些「心機」，讓孩子學習良好的自我管理與自我要求，而使孩子從小練習自主性的「選擇」，就是培養

他們正確價值觀的方法。多數父母認為對待孩子，只要直接下達指令，要求他們服從即可，但卻往往忽略「對孩子解釋」的過程，這是因為父母不希望花時間向孩子說明，而前十項的父母心理即是如此。但是，父母以權威角色使孩子認同的作法，不僅會造成親子間的溝通不良，還容易產生嫌隙。

因此，父母應給予孩子選擇的權利，無論是該做或不該做的事，其決定權都應歸還給他，而父母則是扮演評估與建議的角色，使其在執行決策的過程，培養辨別是非及處理問題的能力。反之，如果父母始終以強制手段來要求、命令或禁止孩子，那麼他們會認為自己的思想和行為受到禁錮。即便是父母的好意，但孩子終究無法理解，甚至還會產生強烈的叛逆情緒。

加拿大的教育學者也建議，在給孩子進行選擇的過程中，父母應結合實際情況，巧妙地進行一些必要的限制，切勿給孩子太過廣泛的選項。例如，在帶孩子買點心時，最好不要問：「你想要什麼？」而應該問：「你想要吃蛋糕，還是布丁？」同時避免讓孩子有機會選擇那些不利於他人，或對孩子有害、不安全的事。例如，需要父母接送上幼稚園的孩子，父母應該問他：「你想讓爸爸送你，還是媽媽送你？」而不應該問：「你想要怎麼去上學？」因為此時期的他們尚未培養出自

主思考力，端賴從父母的選擇中達到自我需求的實現，以此建立責任感。故父母應讓孩子從小就有意識地開始做決定，以培養他獨立思考的習慣，建立其自信心。

孩子在幼年時，能夠親自處理自己身邊的各種事情，稱之為「自立」。而自立意識是孩子逐步走上成人之路、適應現代社會環境所必須具備的品格。所以，父母應避免出現代為決定的情形，而是讓孩子自己做抉擇，並在孩子完成目標或對其決定負責時給予肯定，以培養其自立能力。

教養小貼示

一個自立能力強的孩子，在未來的生活道路上，往往敢於挑戰生活，主宰自己的命運；相反地，缺乏自立能力的孩子，則常常表現出沒主見、膽怯怕事、依賴性十足、意志薄弱、禁不起一點小小挫折的情形。因此，培養孩子的自立能力，就是要給孩子「獨行」的機會，以下爲其建議：

✔給孩子獨立活動的機會、場所和環境

讓孩子獨立活動，依靠自己的力量來達成目標。父母則應適時給予指導和鼓勵，進而提高孩子的自信心，增強孩子的獨立性，使其主動發展各項能力。

還記得王浩六歲那年，做什麼事都離不開父母，後來便給孩子一個房間，讓他自己佈置、自己睡。經過一段時間的嘗試與訓練，他不僅敢一個人睡在房裡，而且還學會了鋪床、折棉被與維持房間整潔。甚至，還經常帶小朋友到他的房間來玩遊戲。而這個事實也告訴父母們，為孩子創造獨立活動的環境，將使其獨立性得到迅速發展。

✔給孩子做出決定或承擔責任的機會，提高「參與」能力

父母必須在日常生活中，提供孩子自己選擇的機會，使其在實踐中增強「參與」能力，培養孩子思維敏捷、善於獨立思考和應變的心理。例如，有客人來訪時，可讓孩子去拿些水果、糕點去招待客人，鼓勵孩子與客人交談、提問、請教，帶客人的孩子去玩耍，以提高其社交能力。

✔擴大孩子的生活範圍，讓他們養成獨立觀察和認識事物的習慣

有些父母總對孩子不放心，對其活動範圍給予過多限制，結果抑制了孩子主動性的發展。所以，經常讓孩子參加活動，有助於他們在心理上擺脫對父母

的依賴，同時還可開拓孩子的視野，增長見識，培養其責任感和鑽研精神。

例如父母假日帶孩子去野外郊遊踏青時，可讓孩子留心大自然的景象及其變化，讓孩子運用自己的語言、知識來解釋周圍的現象，並不斷提問，給予孩子表達與思考的機會。

教養NG語句

1.「聽爸爸（媽媽）的話準沒錯！」
2.「這件事你不會做，我來就好！」
3.「〇〇不好，你選它好了！」

盡力學會錯誤的地方！

教養關鍵 Q&A

Q. 當孩子犯錯時，該如何幫助孩子改正並維護其自尊心呢？

Ans. **告訴孩子「盡力學會錯誤的地方」，不要逃避而是勇於面對與克服！**

讓孩子正視錯誤

疼愛孩子是父母的天性，但過與不及都是不適當的，這方面的拿捏就需要透過學習。父母要有一項認知，孩子不可能樣樣表現良好，他們的行為一定含括對錯兩面，此時父母就必須扮演協助者的角色，讓孩子將對的比例增加，錯的部分減少。因此鼓勵並告訴孩子「盡力學會錯誤的地方」，讓孩子從中汲取經驗、改變作法，才能提升他們的各項能力。此外，也有些父母是成為遏止孩子培養責任感的阻礙，他們多會以負面、苛刻、嘲諷等言語來打擊孩子的自信。以下為其現今父母常用的消極語言，以供父母作為警惕：

1.強迫：「我說了算！不准頂嘴！」

2.否定：「叫你別做，你偏要做，真是活該！」

3.壓抑：「不准強詞奪理，你都在狡辯！」

4.貶抑：「你真沒出息！沒有用的廢物！」

5.威脅：「你再不學好，就給我滾出去！」

6.利誘：「只要你這次拿第一名，我就給你一百塊當獎勵。」

7.央求：「乖寶寶，你就吃點菜吧！拜託你了！」

儘管父母的這些語言，其出發點都是為了孩子好，希望減少他們犯錯的機會，但這些破壞性的批評卻只會讓孩子產生叛逆心理，使其不懂關心他人，以致於討厭社會上的一切，最終難以管教而產生問題。並且孩子也會在此過程中，喪失責任意識。

我還記得有一位補習班的老師為了培養兒子的意志，每當兒子犯了小錯，都會教育他：「你第一次犯錯我不打你，但是如果第二次又錯了，你要我怎麼原諒你？」可是他的孩子畢竟才五歲，即便做了兩、三次還是不正確，這時他就會教育兒子：「你以前犯錯我都沒打你，可是你這次又錯了，要是再不打你，你怎麼會進步呢？」之後便開始懲罰他，而逐漸懂事的兒子，每當聽到爸爸說這些話時就會感到羞愧，覺得自己真的一事無成。

事實上，分析這位老師的教育方式，他的小孩並沒有因此培養出堅強的意志，反倒變成唯唯諾諾、毫無主見、膽小的性格；並且每當有人責備他時就哭，絲毫沒有顯現出堅強的意志。

儘管這位老師的作法可以遏止兒子犯錯，但卻扼殺了孩子培養責任感的機會。孩子不可能被打得不犯錯，只會越打越多性格問題，因此允許孩子犯錯就是允許孩子成長，唯有讓孩子從錯誤中學習，相信孩子能在錯誤中成長，他們才能認識到其他領域，為自己的行為負責。

鼓勵生自信

教育學者福祿貝爾（F. Froebel）曾經說過：「教育無他，唯愛與榜樣。」他提倡以「愛」教導孩子，杜絕責備與體罰。然而從古至今，打罵教育仍無法完全避免，因這是對幼齡兒童最立即有效的方法，但是當孩子進入中齡甚至少年時，打罵教育則會產生明顯的負作用，既無法有效教導孩子，還會使其出現叛逆心理。因此，唯有啟發孩子的理性，以道理服人，才能確保他們在自信的環境中成長。

鼓勵孩子，看見孩子好的一面，是父母必須練習的課題。提醒孩子的不足雖是必要的，但切記不要拿孩子與他人比較。例如說「你的同學小迪都會幾何數學，你怎麼就是不會呢？」如此不僅傷害了孩子的自尊，甚至會讓他與同學產生敵視心態。因此，與其找出一個對象和孩子比較，不如和孩子一同練習，可問他：「學校教的幾何數學你了解嗎？會不會呢？我們一起來做你錯的這一題。」並當孩子做對問題後直接稱讚他，建立其自信。

要求孩子改善缺點、錯誤，不能只是「要求」，還必須加上適當獎勵。教養專家建議，製作一張獎勵表，將孩子每日要做的項目記在表格中；同時，對孩子表現的良好行為、態度與品格，隨時給予高度肯定，鼓勵孩子堅持；並且，當孩子表現出正確的自律行為或是待人尊重、與人和睦相處時，父母應給予積極表揚。因此，父母除了要具備敏銳的洞察力外，還應隨時觀察孩子的優秀行為，並立即給予讚賞，藉此塑造孩子的自信心。

教養小貼示

每個人難免都會犯錯，更何況是正在成長中的孩子呢？因此，父母必須將孩子犯錯過程中的消極因素轉化爲積極、合理的動力，給予孩子「嘗試→錯誤→完善」的機會。究竟，父母該如何教導孩子面對錯誤呢？

✔改善家庭的互動模式

孩子如果越是「屢教不改」，父母越是要提高警覺，因為這就是典型「警察」與「小偷」的家庭互動模式。意即父母時刻繃緊神經，努力監督，一有錯誤就指責孩子。但事實上，這只會造成孩子反覆出錯，並且無法從錯誤中學習。

因此，父母應改善家庭的互動模式，找一些孩子喜歡的事情讓他做，在孩子出錯時，用朋友般的語氣告訴他：「其實我小時候也很容易犯這樣的錯誤，但只要盡力學會錯誤的地方，相信一定能改正的。」以此鼓勵並相信孩子繼續努力，維護孩子的自尊心、減少錯誤的發生。

✔改用有效的教育語言

根據國外心理學家表示，孩子在成長中需要得到五萬次的鼓勵，才能成為一個擁有高自尊心的人。故針對孩子自信心不足的情況，父母應將指責的教育語言改成鼓勵讚賞。並且，父母要教導孩子從錯誤中看到自己的不足並發揮其潛在能力。而父母一句「我相信你會把事情完成、做好」，會提升孩子的自信心，以及負責的處世態度。

教養NG語句

1.「沒有用的東西，看我不打死你！」
2.「你怎麼就不學學人家！」
3.「成事不足，敗事有餘！」

遇到問題，跨過去就對了！

教養關鍵Q&A

Q. 孩子經常想法負面、感到憂鬱，該如何改善呢？

Ans. 告訴孩子「遇到問題，跨過去就對了」，並以樂觀、正面的心態迎戰它！

迎擊問題與挑戰

孩子的成長階段會經歷著身心各方面的急劇變化。一方面，在神經、內分泌系統的調節下，其生長速度明顯加快，與此同時，孩子的心理變化將會隨著家庭氣氛、家庭成員間的關係而影響其性格的形成。

尤其當孩子面臨青春期時，情緒變得相當敏感，常會因學業、友情、愛情等問題，陷入壓抑、鬱悶的情緒裡。因此，父母這時要多關心孩子，可從其表情、語氣、肢體動作等觀察孩子的內心狀態，並應經常激勵孩子「遇到問題，跨過去就對了」，讓他知道唯有正面迎擊與嘗試，才能琢磨出解決辦法。

另外，父母該如何察覺孩子的抑鬱症狀呢？青少年精神科醫師將其普遍所會表現出的抑鬱情形羅列如下，以供父母參考：

1.多數時間感到沮喪或心情鬱悶。

2.對喜歡的事情突然缺乏興趣。

3.產生罪惡感或覺得自己沒有用。

4.缺乏活力，並總是感到疲累。

5.睡眠方式改變，如輾轉難眠、長睡不醒或很早起床。

6.體重急劇增加或下降。

7.身體某部位突然出現無法解釋的疼痛，但身體或許沒有任何疾病。

8.對現在和將來的任何事情都毫不關心，對此感到悲觀或漠然。

9.出現死亡或自殺的想法。

以上為孩子出現憂鬱症狀的九種情形，除此之外，根據狀況不同，孩子或許還會出現其他異狀，根據心理醫師指出，當孩子面臨壓力時，心理上可能會表現出如悶悶不樂、自信心低落、易怒；生理上則容易疲倦、沒胃口、失眠，嚴重者甚至出現拔頭髮、咬嘴唇、捏手指頭等動作；而行為上像是不專心、沒精神、不願意上學、自殘、自殺等反應，這些都可能是孩子面臨壓力時所產生的憂鬱情緒。此時，父母不應責備，而是同理地關懷孩子、尋問他們是否面臨了壓力，並鼓勵孩子與你分享，而父母亦可和孩子述說自己以前青少年時面臨壓力及克服的過程，減輕孩子的孤獨感。

根據專家指出，孩童出現憂鬱的傾向有越來越早的趨勢。當然這只是一些預兆，並非真正嚴重的憂鬱症。然而，當孩子進入青春期時，便開始面臨接踵而來的壓力，包括課業、人際互動、感情問題以及同儕、家庭關係等。通常這些壓力會讓青少年不知如何適應，再加上他們正開始展開獨立的階段，故將遇到很多的問題，並害怕家人擔心或在意他人眼光而逃避尋求意見。甚至，有些想法較為負面的青少年，很可能還會產生躲避人群及自殺的念頭。因此，當孩子到了青少年時期，同儕的影響力便會超越父母，所以從小和孩子保持良好且正面的溝通模式及信任關係，才能避免親子間出現代溝。

「自問自答」檢視害怕根源

在關心孩子情緒之餘，孩子的人際互動亦要了解，如他們在交友上有無困擾、常和哪些朋友相處、與朋友之間的溝通模式及互動，關心孩子與朋友最近發生的事情。由於青少年時期的同儕關係及影響較大，因此朋友的一句話都足以影響他們的心情；當孩子不了解同儕的話中含意，也不懂如何處理負面情緒時，會使孩子出現鬱悶、自我價值感到低落的情況。

因此，當孩子與你分享他的心情時，請不要拒絕他們，這可能代表一種求救訊號，父母應放下手邊的事聆聽他們的問題，用溫柔的語氣給予中肯建議，並表達願意陪伴孩子一同渡過的立場。

其實，有時孩子會產生憂鬱情緒，有一部分是因為感覺自己能力不足而出現的挫折感受，因此父母必須從小就教導孩子積極正面的思考，讓他知道挫折並非壞事，也不用感到灰心，反而是自我成長的學習機會。

當孩子遇到挫折時，可運用「自問自答拆解法」讓孩子檢視自己害怕的根源，如期末考的到來使孩子出現擔憂，這時可讓孩子靜下心來問自己「到底在擔心什麼」，也許他會回答「怕考不好」，這時再自問「考不好會怎樣」，孩子再回應

「考不好會讓父母失望，甚至影響升級……」，以此類推檢視自己最為擔心的原因。並且，父母應培養孩子多元價值觀，讓他知道「當上帝為你關上一扇門，必定會為你開啟另一扇窗」，問題是可以解決的，當你跨越困難的鴻溝，前方將是一片光明。

教養小貼示

當孩子出現抑鬱症狀時，父母應多鼓勵孩子，發掘表揚孩子的優點，樹立自信心。甚至，父母可爲孩子選擇笑話、歌舞等影視節目或圖畫書，建立輕鬆愉悅的生活環境。究竟，有哪些方法可預防孩子的抑鬱與消極心態呢？其建議如下：

✔培養孩子廣泛愛好

開朗樂觀的孩子，其快樂泉源不僅來自各個方面，並擁有廣泛愛好。假使一個孩子僅有一種嗜好，眼界通常會較窄，進而容易影響他的心情。試想只愛看電視的孩子，如果當晚沒有合適的節目觀賞，很容易會感到鬱悶。然而，喜歡閱讀的孩子，如果還熱衷運動、飼養小動物或唱歌，那麼他的生活將變得豐富多彩，心情也必然愉悅。

✔引導孩子擺脫困境

即使天性樂觀的人也不可能事事稱心如意，但他們大多能從失意中很快重新站起，並把一時的沮喪丟在腦後。因此，父母最好在孩子很小時，就培養他們面對困境乃至接受逆境的能力，並且教育孩子學會忍耐和隨遇而安，或在困境中尋找另外的精神寄託，如參加運動、遊戲、聊天等，以排解鬱悶情緒。

✔讓孩子擁有自信

自信是從千萬次的讚賞、成功經驗的累積所形成，因此父母必須觀察孩子的特點，發現其長處，並在孩子表現良好時多作表揚和鼓勵，即便孩子失敗或表現不佳，父母都應給予孩子勇於嘗試的肯定，此舉將有助於孩子克服自卑、樹立自信。

✔不要對孩子嚴加控管

父母不妨根據孩子的年齡及能力，給予不同的選擇權。如允許兩歲的孩子選擇午餐食物，允許三歲的孩子選擇上街時穿什麼衣服，允許四歲的孩子選擇假日去什麼地方玩，允許五歲的孩子想買什麼生日禮物，允許六歲的孩子選擇看什麼電視節目……等，只有從小享有選擇權的孩子，才會感到快樂自立。

教養NG語句

1.「有事快說啊！跟個啞巴一樣！」
2.「好了，別難過了。」（語氣敷衍）
3.「這件事也沒什麼嘛！」（漠不關心的語氣）

懂得分享，才能獲得更多！

教養關鍵Q&A

Q. 孩子因不願分享自己的物品、玩具給朋友，而影響到他的人際關係，該如何改善呢？

Ans. 告訴孩子「懂得分享，才能獲得更多」，培養其互助共享的觀念！

共享代表寬容

分享，是指將自己喜愛的物品、美好的情感體驗及勞動成果與他人共享的過程，故父母應在日常生活中，傳遞孩子「懂得分享，才能獲得更多」的觀念，並且「分享」也意味著寬容的心，意味著同心協力、交往技巧與合作精神，而這些就是所謂的「獲得」。根據多年的研究觀察，我發現孩子不願意與人分享的主因有三：

1.現在的孩子多是獨生子女，因此在家庭生活中，很少需要他們伸手幫助別人的情形，所以他們比較缺乏主動性。

2.父母較少灌輸助人觀念，所以孩子缺乏替他人著想的意識。

3.孩子年紀還小，受教程度不夠，故他們還不能真正體會到換位思考，站在他人角度設想其思維的能力。

由此可知，孩子的人格發展與理解能力需要時間與經驗的累積，並且父母在教育孩子時，應針對其年齡進行調整。兒童發展專家皮亞傑強調：「吾人所學即所行。」意即孩子所學到的一切，都會成為他日後的行為。簡言之，教孩子「懂得分享，才能獲得更多」，而他也將能從分享的過程中，對於他人的感謝與共享而出現愉悅情緒，使其對分享的意義更為深刻，並且一輩子都如此待人。

事實上，「分享」須從孩子的手足開始，若子女有三人，各自相差兩歲，則在老大六、七歲之前，建議還是要一人一份。而在老么滿六歲後，便要教會他們分享的概念。由於年紀太小的孩子要強制他們學會分享，在認知上恐會出現障礙，且依照兒童的認知發展概念來說，這時候的孩子，「他我概念」尚未健全，他們只能看見事實但心態卻無法感受，因他看到的事實就是「大家都有，我也要有」，所以建議對於學齡前的兒童，父母還是以一人一份物品最好。

等孩子稍大後，父母可經常在日常生活中，教導孩子分享的重要性，當孩子表現出慷慨的行為時，父母要給予明確的表揚和讚美，如「妹妹很有愛心喔」、「弟弟好棒哦！願意借中中玩汽車」，從小以正面的話語，讓孩子了解這些行為的意義和重要性，藉由鼓勵來獲得他們的認同。

同理他人的心情

平時也要多引導孩子體會他人的感受，並輔以反問的方式鼓勵孩子「思考」。例如「若姐姐不願意和你分享玩具，你會難過嗎」、「如果你不和妹妹分享餅乾，妹妹是不是會很傷心」等。甚至在其他場合，父母也要多鼓勵孩子和其他小朋友分享。

其實，大多數的小朋友，一開始都不會主動分享自己的物品，無論對方拿走什麼，孩子都會想辦法搶回來。這時，就要靠父母的機智與反應了。如當親戚朋友來家裡玩時，父母可以利用反思的方法對孩子說：「你看叔叔帶來的蛋糕，他是要與我們分享的喔！他請我們吃蛋糕，我們有什麼可以跟他分享的呢？爸爸這邊有一些水果可以請他們吃，那你能不能拿些玩具與小堂妹一起玩呢？」藉此鼓勵孩子主動分享，讓孩子感受到與他人共享的喜悅。

除此之外，父母也不應等客人來時，才對孩子做出類似的訓練，平時就要經常創造分享的機會。無論是食物、玩具，甚至是電視選台時，都要讓孩子意識到凡事必須思考到其他人，久而久之便能建立孩子體貼的心，自私的惡習也就不會出現了。

而父母也應避免對孩子的要求有求必應，讓孩子與他人的交往中，決定什麼東西應在何時分享，並且父母只能以引導不強迫的方式，讓孩子真心與他人共享。此外，也要教孩子和朋友分擔痛苦，如此將能減低孩子的憂鬱情緒，甚至更要教孩子和朋友分享快樂，培養其樂觀心態。當孩子學會了分擔和分享，他的生活就會佈滿陽光，以擁有健康的心理與人格。

因此，「分享教育」若能做好，不僅避免孩子出現自私的行為，更可有效提高孩子的人際關係，培養其樂觀的良好人格，以擁有快樂人生！

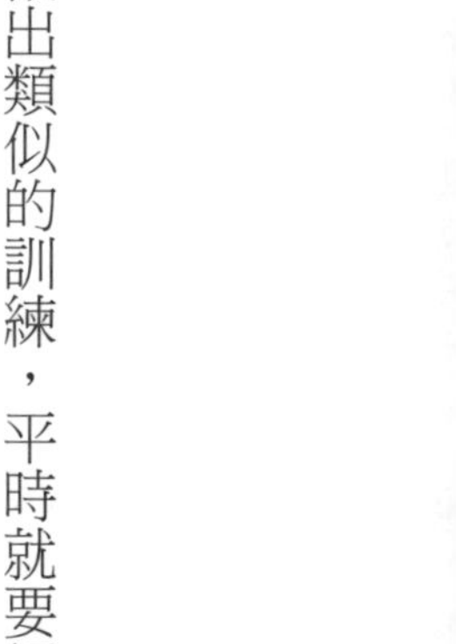

教養小貼示

由於家庭教育的缺失、父母的溺愛，容易使孩子出現自私自利，不願與人分享的情形，進而影響其人際關係。所以，從小克服孩子的自私行爲，培養孩子與他人分享的意識很重要。爲此，我建議父母應幫助孩子做到以下幾點：

✔分享物質

父母可先由物質分享開始，如糖果、糕點、玩具、故事書等物品。此外，還可藉由幫孩子過生日，邀請小朋友、親戚好友等一起來分享生日蛋糕，讓孩子在此過程中學會共享，散佈快樂。假使孩子有了新玩具或新故事書，父母可請孩子將其帶到幼稚園，與同學一起分享，讓孩子懂得好東西要與好朋友分享的道理。

✔分享快樂與成功

讓孩子懂得為他人的成功而祝福，分享別人高興愉快的事，使其產生快樂和滿足感。甚至，當別人成功、贏得比賽、成績優秀時，也要請孩子真心為他人感到高興與祝福，以此培養孩子的風度。

✓在家庭中鞏固分享行為

由於幼兒善於觀察和模仿，因此父母的言行舉止都是幼兒觀察和模仿的對象，故父母可安排情境，建立孩子分享的行為。

假使要教導孩子尊老愛幼，應注意引導孩子從身邊小事做起。如把新玩具分給鄰居家的小朋友玩，有好吃的先分給爺爺、奶奶、爸爸、媽媽吃，讓幼兒漸漸培養出分享的行為。

教養NG語句
1.「東西快拿出來給人家，別這麼自私！」
2.「這孩子真不懂事！」
3.「你也太小氣了吧！」

說說你的想法吧！

教養關鍵 Q&A

Q. **孩子的自主性該如何培養，並且該如何讓他勇於表達自己的想法呢？**

Ans. **在討論事情時，告訴孩子「說說你的想法吧」，給予他發表意見的機會，接著肯定孩子的表達行為！**

走出「替代」誤區

「茶來伸手，飯來張口」、「萬事包辦」是教子大忌，並且將導致孩子長大成人後依然不會做飯、洗衣、疊被等生活能力，更別說是有主見了。記得曾在一場演講中聽到這麼一句話：「所謂成長，就是去接受任何在生命中發生的狀況。即使是不幸的，也要坦然面對並解決它，使傷害降至最低。對我來說，所謂的『成長』，所謂的『智能』，甚至是所謂的『成熟』，也都不過如此。」

誠如這位講師所說的，在教育孩子的過程中，父母應把培養孩子的自立能力作為首要任務，讓他們離開父母的庇護也能獨立生活，以解決生活中的各種問題。然而，父母若是容易心軟，對孩子的事情包辦過多，往往會造就孩子懦弱和懶惰的性格。唯有放開手腳，讓孩子自己在人生的海洋中去搏擊，孩子才能禁得住風浪，而不至於被淹沒。因此，不幫孩子扛所有的問題，走出「替代」的誤區，這是現代父母必須學習的教養課題。

除此之外，父母也可鼓勵孩子表達意見，如「說說自己的想法吧」、「你對這件事有什麼看法」等，讓孩子從中培養出思考力與自主能力。故要啟發孩子的理性，使其更加懂事、成熟，父母應以尊重及信任的角度教育他。

並且，除了給予孩子選擇的權利，還必須同時積極創造機會，引導他們發表意見、訓練邏輯思維。例如，當父母在討論事情時，可以適時詢問孩子的想法；或者當大人一起討論問題時，若事關孩子，在過程當中，除了避免讓孩子置身事外，還應鼓勵他們參與，使其覺得自己的意見受到重視，進而發展對事物的認知與分析能力。

鼓勵孩子表達意見

美國教育家赫欽斯（Robert M. Hutchins）曾表示：「教育就是幫助學生學會自己思考，作出獨立的判斷，並成為一個負責的公民。」而父母、師長應鼓勵孩子表達意見，其用意就在此。看新聞時，若有關兒童生活、教育、飲食等相關事件，父母可以當場問孩子：「你對這件事情有什麼想法？」鼓勵孩子發表意見，從中培養自信。

而父母若在處理與孩子相關的事情時，更應充分考慮他們的意見，例如幫孩子選擇安親、才藝班，應傾聽孩子的想法，詢問孩子對哪方面的活動感興趣，想要學習哪些課程？喜歡什麼樣的老師？想要到哪一個班別等。必要時，還可與孩子一同造訪這些補習班，讓孩子親自參與並選擇。甚至採買物品時，若價錢合理、物品符合實用要求，也可讓孩子自行挑選喜歡的顏色、種類或材質。如此一來，他們會產生成就感，甚至體驗到平等的意義，同時學會對自己行為的負責。

此外，父母也不應按照自己的想法和意願，替孩子計劃好所有事情，要儘可能徵詢其意見，否則即便有妥善安排，也會使孩子因受到控制、沒有屬於自己參與的空間而喪失發表意見、培養自信的機會。

親子教育專家也指出，如果父母任何事情都替孩子想到或做好了，孩子往往就只剩下「如何不聽你的」或「如何與你作對」的情況產生，進而造成親子間的緊張關係。故想要孩子成長，父母就不要當凡事替他安排妥當的「替手」，特別是青少年時期的孩子已有一定的自主能力，父母更應給予尊重。

教養小貼示

父母應明白孩子的自立，必須從思想上開始，意即培養獨立的思考能力，首先必須給予孩子發表意見的機會，父母才能了解孩子的內心世界，進而因材施教，讓孩子做到思想和情感上的獨立。家庭教育是孩子的第一任教育，而孩子是一個獨立的生命體，並不是父母的附屬品，故讓孩子發表意見，才能使其自立！

✔尊重孩子

在家庭教育中，父母應尊重孩子，把自己放在與孩子平等的位置上，遇到問題時換個角度去思考，以達到與孩子心理上的溝通。當孩子從父母的尊重和

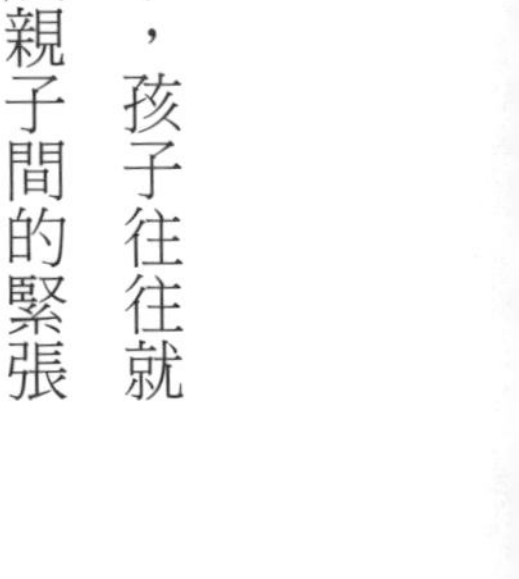

愛護中找到自信和自我價值時，他們才能在潛移默化中學會尊重父母、尊重他人。

並且，父母應將孩子看作一個獨立的人，讓他們知道自己有權發表意見，父母不必有過多限制，而家庭生活中所出現的問題，應讓他們盡量去嘗試、判斷、思索與體驗。當然，尊重孩子的人格和自我意識並不等於放任孩子。在他們成年之前，父母可幫助他們辨別是非，培養其獨立思考的能力，學會選擇自己的人生目標。

此外，還要尊重孩子思維的個體差異。意即不要拿自己的孩子與別人比較，因為每個孩子的個性、素質都不盡相同，所以不能以此作為衡量標準。然而，許多父母非常喜歡與其他孩子比較。當自己的孩子比別人強時，父母就沾沾自喜，反之則不停數落、諷刺、挖苦孩子，如此很容易使其意志消沉、迷惘。由於孩子的年齡小、見識少，他們往往會以父母與他人的評價來定義自己，因此過多的批評、責罵容易使年幼的孩子迷失自我，更別說是表達自己內心的真實想法。所以，父母應了解孩子間的差異，懷著沉穩的心態，耐心引導孩子，以他們自己的速度成長。

✓學會滿足孩子合理的心理需求

我曾在一則報導中，看到這麼一件事例。有位芬蘭學者到監獄裡去訪問五十個罪犯，研究他們其心理。結果，他發現了一段奇特的故事：

有一個犯人表示自己是從說謊走向犯罪的。問他說謊的原因，他回答家裡兄弟姐妹多，所以每次在分食物時總是很難拿到大份的。但有一次在分橘子時，看到有一顆相當大的橘子，孩子們都爭相想要那顆大的。於是老大便說：「媽，大的橘子給我吃。」媽媽瞪他一眼說：「你真不懂事，竟然帶頭吃大的？」

這個罪犯說他當時發現，每次哪個孩子表現地越想要大份的，他的媽媽就越不給誰，但是哪一個默不吭聲或說反話，誰就最有希望得到。於是，他決定試一次，便說謊：「媽媽，我就要最小的橘子。」

結果，誠如自己所想的，媽媽說：「真是個好孩子，媽媽把大橘子給你好了。」這時罪犯表示，說假話就可以吃到大橘子，或者越想要就越不說，到時等媽媽發現自己「表現很好」，自然就會給他了。而芬蘭學者聽完後搖搖頭，因孩子為了吃大橘子而說假話，以致於觀念偏差，這就是父母教育的失誤。

每個父母都希望自己的孩子誠實守信，不要說謊。但是，許多孩子卻表現

得不盡人意。究其原因，大多是由於後天的某種需求所引起，例如為了滿足吃的、玩的需求，甚至是為了逃避批評、受懲罰，因而助長孩子說謊的惡習，如此孩子不僅無法自立，還會陷入偏差的深淵。

教養NG語句

1.「大人說話，小孩不要插嘴！」
2.「你懂什麼！」
3.「這跟你沒關係！」

家事做得不錯，繼續保持！

教養關鍵 Q&A

Q. 孩子總是不主動做家事，要人說才會做，究竟該如何培養呢？

Ans. **當孩子完成家事時，可稱讚他「家事做得不錯，繼續保持」，鼓勵他主動做家事的意願！**

不久前，我在雜誌上看到一個國外團體治療的報導，其內容如下：

一位母親長久以來認為自己的孩子「什麼也不會」，導致其心裡產生自卑感，難以自立。之後，醫師建議這位母親以鼓勵的方式，放手讓孩子去做，並盡量不要有過多的干涉，讓孩子學習獨立完成一件事。有一天，家裡來了客人時，由於大家誰也沒時間出去買點心招呼客人，因此母親只好寫了紙條給他，讓他按照指示添購，結果他很順利地完成。這時，母親順勢誇獎他：「做得很好！」接下來，母親也依循此種模式讓孩子幫忙家事，並在完成後給予讚賞，請他繼續保持。漸漸地，

孩子不僅找到自我存在的價值，還激發了他的上進心。

從心理學角度來說，讓孩子參與家事，對他們的主動性與積極性大有助益。意即孩子在家中擔當一定角色，可經由做家事的成果，獲得大人的賞識，並找到自我價值的契機。

教養專家一再強調，孩子必須從小讓他做一些能力所及的事情，例如清洗自己的杯子、小手帕。並且從小學一年級開始，就要分擔家事，訓練孩子將其作為責任而不是練習。當孩子的責任越多，也會對自己的管理進行調整。

因此，自理能力的訓練變得極其重要，而家庭又是孩子成長的出發點，故培養孩子的自理能力可從家事入手，讓孩子在學習之餘承擔一定的家務責任，進而使其明白生活中不僅有享受，還必須擔起一定的義務和責任，這將有助於孩子早日當家。

然而，隨著物質生活的豐裕，許多家庭希望能培育孩子成為「菁英」，殊不知在過程中卻讓孩子變成「小皇帝」、「小霸王」，以下為幾位我們補習班的家長、兒女同學朋友的父母、親戚等對孩子不做家事，甚至不著急培養孩子家務能力的描述：

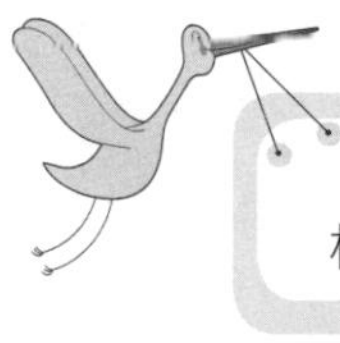

「現在的孩子真懶，要他做個家事真難！我小兒子都五年級了，放學一回家，襪子、制服還亂丟，更別說是收拾整理了。唉！我們像他這麼大的時候，都已經會自己洗衣煮飯了。」

「雖然培養孩子的家務教育也很重要，但現在的孩子又要上學、補才藝班，都沒時間休息了，再讓他做家事真有點不忍心。」

「其實這種事情不用這麼著急，等到孩子長大自然就會。就像我小時候也什麼都不會做，但當生活壓力一出現，還不是樣樣都學了起來。所以有時間還不如讓孩子多玩玩、看點書、學點才藝，這對孩子才是最好的。」

看完前面三位父母的描述，恐怕這將成為培養孩子自立的一大阻礙吧！假使父母的觀念不正確，又怎能指望孩子自動自發地做家事呢？因此，唯有父母摒棄這種偏差觀念，樹立家事要由家庭成員共同分擔的風氣，並不以孩子的課業為藉口讓他們推託做家事，孩子才能以此建立責任意識，培養生活能力。

孩子做家事的年齡

研究指出，訓練孩子做家事的年紀，應在孩子八歲時最好，即便他已超過年齡，也都要盡快開始。初期，先以孩子能接受的理由，給予他一個此刻能勝任卻不一定做得好的工作。

舉例來說，飯後洗碗是最容易執行的，在分配孩子家事的同時，父母必須先說明這項工作以後是他的責任，沒有任何但書。當然，剛開始的工作量不要過多，若家中有兩個孩子，一週各自分配兩天是合理的，而六、日就由父母代勞。

孩子在執行的第一、二週時，可先提醒孩子做家事，甚至對碗盤上殘留些許髒汙也要有所通融。但第三週開始，就不要再提醒他，若是直到睡前，孩子都無法完成，就請他先洗完後再睡覺，以培養他的責任心。若是作業太多而無法完成，父母仍應請他先洗碗再繼續寫作業，避免孩子以此為藉口來推託做家事。

當養成做第一份家事的責任之後，應適度加上第二份家事，這種累加通常要以年齡作為基準。若是十二歲以下的孩子，建議以一年為基礎，一年後再加上第二項家事；十二歲以上的孩子，則改成半年賦予一項新家事；而國中一年級到三年級，負擔三件家事則最為理想。

然而，家事中有哪些是可以交給孩子的呢？通常是以環境清潔、洗衣服、倒垃圾、洗碗、擦桌椅、摺衣服等居多。父母應鼓勵孩子甚至要求他們盡其所能地去幫忙；年紀小的孩子可幫忙擺放杯子，稍長者可放盤子和湯匙，再更大一點者則可以進行清潔等事宜，逐一地加量、擴大家事範圍。讓孩子培養生活責任的觀念，使其儘早學會負責。

以家事為己任

一直以來，王浩都負責倒垃圾，直至他十一歲為止已經持續了六年，他把這件事當作自己分內的事務，即便他跟別人有約，也會先倒完垃圾才出門。究竟兒子為什麼突然會把倒垃圾看得如此重要呢？

這是因為在他五歲時的某一天，突然聽到垃圾車的音樂，看到媽媽提著垃圾桶出去，他覺得很有趣，便跟在媽媽身後嚷著自己想要嘗試。當他倒完垃圾後，我們稱讚他很棒又勤快，還經常當著親朋好友面前表揚他，引起他人的讚譽。以此激發兒子主動倒垃圾的自豪感，最後慢慢形成了習慣，將這項勞動看成一種責任。

正所謂「播種行為，收穫習慣」，而所有的習慣都是從最初的行為開始，延伸到孩子的家事教育上，也是如此。所以，為培養孩子的勞動意識，除了稱讚孩子「家事做得不錯，繼續保持」外，還須具備正確觀念：

1.珍惜孩子最初的勞動欲望，放手讓孩子去模仿、實踐，提供練習的機會。

2.儘可能以遊戲方式加以引導，使勞動成為孩子的快樂體驗，這對於年齡較小的孩子來說，尤其重要。

3.一步步地教孩子勞動技能，但只要求孩子做卻不告訴他方法是無效的。

4.合理安排家務勞動的時間，將學習、玩樂與家事區分開來。

基於以上這些原因，許多父母雖然認同孩子應該培養家事習慣，但總是會因孩子表現不理想而感到苦惱，以下為孩子無法做好家事的三大主因，以供父母參考：

1.當孩子小時候對家事表現出興趣並模仿大人的舉動時，父母並沒有予以重視及引導，甚至嫌棄孩子礙手礙腳而削弱了孩子的勞動熱情。

2.不信任孩子的能力或怕麻煩，因此無形中剝奪了孩子練習的機會。

3.小時候沒有養成習慣，上學後又以課業為重，因此很難幫孩子分配做家事的時間。所以，家事習慣的培養應從小開始，才能讓孩子將其當作是自己的責任。

事實上，對於年紀較小的孩子來說，勞動過程就是一種娛樂、遊戲，故一開始避免把它變成純粹的義務性，甚至安排沒有樂趣的家事給孩子，以免引起孩子的反感而不利於勞動意識的形成。並且，父母應從孩子的興趣入手加以引導，並在家事過程中融入遊戲性，滿足他們的童心與好奇心。例如女兒小時候喜歡玩扮家家酒，當我看到她在為娃娃的小房間打掃時，便順勢問她「妳幫娃娃的房間整理得很乾淨呢！那妳的房間要不要也一起打掃呢」，藉此鼓勵孩子參與勞動，慢慢養成良好的家務習慣與能力，進而逐漸發展出自理、負責的態度。

教養小貼示

家務勞動是父母幫孩子樹立正確的勞動觀念和培養勞動習慣的最佳方式，對培養其責任感，發展生活自理能力都有重要作用。因此，父母在給予孩子家務勞動時，必須具備以下觀念：

✓家事習慣是孩子未來生活的必要準備

有一次，一位補習班學生的媽媽問我教育兒子做家事的方法，我回答：「其實，我從兒子小時候開始就培養他的獨立能力，要求他自己完成自己的事情，並且我會依其年齡增長而逐漸增加家事分量。從幼稚園大班開始便要求他自己洗碗，現在雖然上學了，但除了課業要顧，家裡掃地與倒垃圾兩件事也由他『承攬』。當然一開始他也並不是很樂意去做這些事，但這時我們就會利用獎勵的方式來延續他的動力，例如做一次就可得到一張『乖寶寶貼紙』，當累積到十張就可以帶他去吃一次麥當勞，因此他能不能吃到麥當勞便完全取決於他自己的行為，這種『他律』促使他一天天堅持下去並逐漸過度到『自律』，認為這是自己分內的事而自覺地去做，以慢慢形成習慣。」

因此，培養孩子做家事的能力，將進一步使其具備獨立生活的意識，有利於孩子未來能良好立足於社會，因此讓孩子從小學習做家事，將能養成他們的勞動習慣，也等於是替他的未來作生活準備。

✔家事是孩子在學校學不到的生活課程

多數父母認為，學校的打掃時間就是培養孩子的生活技能，但這畢竟是由老師指派的清掃任務，與孩子在家主動做家事的意義不同。在家中，孩子可透過自己整理房間、洗碗、曬衣服等培養自理能力，並在勞動的過程中感受到完成的樂趣與成就感，進而培養孩子的責任心。

✔養成做家事的習慣將提高孩子的學習效率

許多孩子總會有做事慢吞吞、不會整理書包等惡習，如此都會影響學習效率。因此，父母不妨請孩子先從整理物品開始，帶他看亂七八糟的房間，讓他考慮該從哪裡收拾。同時制訂規則，例如每天整理書包、每週六收拾房間、換下的衣服放在固定的地方等，並督促他完成，使其能專心致志地念書，以提高效率。

教養NG語句

1.「你只會越幫越忙！」
2.「很危險，你不要碰！」
3.「念書比較重要，家事你別管了！」

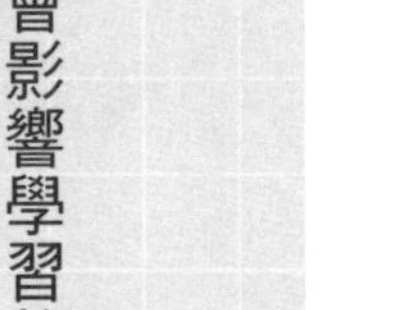

違反規定，應按家規處置！

教養關鍵 Q&A

Q. **當孩子違反家規時，該如何教導孩子改正錯誤不再重蹈覆轍呢？**

Ans. **父母應先制定好家規，當孩子違規時，告訴他「違反規定，應按家規處置」，如此孩子才能心服口服，並多加留意以後的行為。**

制定家規

在我們家中，有制定一系列的家規，並闡明違反的話，須幫忙洗碗一週。有一次王蕊晚歸，但沒有事先報備，讓全家人擔心她的安危。當她到家後，媽媽問她去了哪裡，女兒回答：「和同學在麥當勞寫功課！」後來，我接著問：「那妳為什麼沒打電話回家呢？」女兒這時才意識到牆上的時間已超過九點，便有些尷尬地說：「因為手機沒電了，而且我只是想再複習一下功課就回家，後來同學問我一道函數問題，結果沒想到會討論這麼久……」其實，當女兒說完後，就知道自己理虧並且違反「晚歸要事先告知」的規定，於是又接著說：「我知道我沒打電話告知晚歸，已經違反了規定，所以這禮拜的碗我會洗，讓您們擔心真對不起！」見到女兒勇於認錯，並且知道父母擔心的心情，我們也就沒有再多加苛責了。但從此之後，女兒再也沒有出現違規情形，因為她了解家規一定要遵守，沒有任何彈性的空間，並也從其規範中培養出遵守規矩與對自己行為負責的觀念。

其實，教養孩子沒有一定的準則，但制定家規卻是必要的。美國心理學會主席愛伯特・班度拉（Albert Bandura）認為：「人們為自己設定某些行為標準，以自我讚許或自我懲罰的方式來衡量其行動，這就是家規的核心主軸。」因制定家規是為了培養孩子良好習慣，故應依其孩子的屬性、家庭的特質，制定合乎孩子的規範。當規矩制定完成後，父母的教育方法必須前後一致，不能半途而廢，更不能讓自己擁有特權。例如，許多父母希望控制孩子看電視的時間，但是自己卻沒有遵守，理由往往是「我是大人，你們是小孩，小孩回家就應該寫功課、讀書，我工作一天很累了，想放鬆一下」，這種不對等的心態是很難要求孩子遵守的。專家認為，正確的家規制定是要求大人與小孩一同遵守，當孩子看到父母也是依照家規行事時，他們才能自發性地履行。

家規要完全遵守

訂定家規時，若非單親家庭，或另一方遠在異地工作，應盡量由夫妻協商後再決定，否則容易導致教養態度不一的情況發生。曾有某一親子節目在討論「家規」時，談到一個有趣的個案，媽媽規定孩子睡前一個小時不能再進食，但是爸爸卻總是破壞規矩，不但自己偷吃，還偶爾給孩子們小零嘴，夫妻倆常為此吵架。

此外，父母常有一種迷思，認為「家規」含有懲罰與禁止的意義，擔心過度限制孩子會損害他們的自尊心，但實際上訂定家規是為了幫孩子的行為劃清界線，並且研究也指出，在擁有家規中成長的孩子，其自制力較強，而且比那些隨心所欲、行動散漫的人更能適應社會規範，故其未來的成功機率較高。其實，家規不僅是建立自律的起點，還能幫助孩子能更良好地在社會中生存。

根據國外教育專家表示，父母可與孩子進行「協議式家規」，意即父母與孩子分別承諾自己所應負擔的責任。舉例來說，父母對孩子承諾「不偷看孩子的日記、不隨便責罵並且會以理服人、週六帶孩子到戶外活動、不在外人面前數落孩子」，而孩子則對父母承諾「寫完作業才看電視、每天幫忙倒垃圾、上網時間不超過一小時、襪子脫掉會放好」等。如此一來，不僅能促進親子交流，並且孩子的參與及承諾將會循序漸進地培養其自律品格。

教養小貼示

家規的制定不僅能規範孩子的行爲，免於脫軌，甚至還能有效培養孩子的自制能力。當然，在要求孩子遵守的同時，父母也不應違規，以樹立良好榜樣。

✓勿讓違規的孩子認為父母不愛他

當孩子違規時，應讓他了解自己做錯的原因，並避免孩子出現「爸媽不再愛我」的誤解。當孩子哭鬧反抗時，父母應考慮他的心理感受，切忌讓孩子產生叛逆心理，誤以為父母不再愛他。

✓讓孩子重視家規

應盡量制定簡單易懂的家規，並且將其與孩子的興趣作連結。如孩子每天可看兩小時電視、晚上睡覺前應整理好書包等規範。若孩子違反了，父母可說：「因為你今天沒整理好書包，所以明天少看一小時的電視。」以此鞏固孩子對家規的重視。

父母怎麼做，孩子怎麼看！遵守家規並非只是孩子的責任，父母理應以身作則，徹底遵循家規及對孩子的承諾。此外，父母不可以其權威者的角色來推諉不能遵守家規的理由，以防失去家規制定的意義。

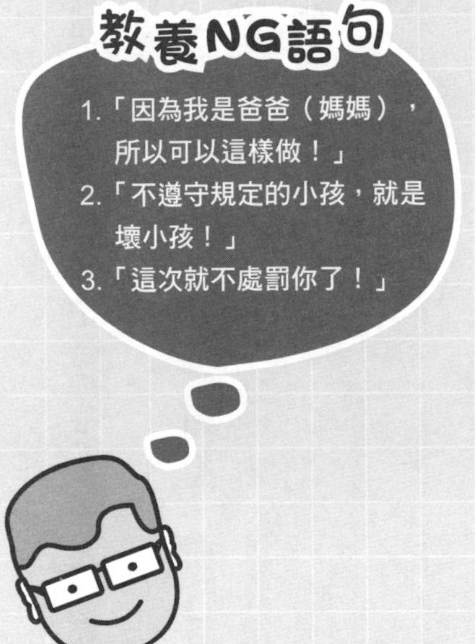
教養NG語句
1.「因為我是爸爸（媽媽），所以可以這樣做！」
2.「不遵守規定的小孩，就是壞小孩！」
3.「這次就不處罰你了！」

我們要幫助有困難的人！

教養關鍵Q&A

Q. 希望孩子能成為體貼與主動幫忙有需求者的人，究竟該如何培養呢？

Ans. **父母可帶領孩子協助社區服務或捐贈物品，並時時灌輸他「我們要幫助有困難的人」之觀念，以此培養他主動助人的習慣！**

灌輸助人觀念

「樂於助人」是一個人良好道德的表現，而這有賴於父母從小開始培養。但是，由於現今生活環境的改變，父母為了避免孩子重蹈自己以前受苦的環境，往往會盡量滿足孩子的需求，結果到頭來卻將孩子變成家中的「小皇帝」。放在一邊怕孩子著涼，摟在懷裡又怕他悶熱；孩子一哭，父母便開始緊張，深怕他哪裡不舒服或餓著了。父母之所以會有這些行為，都是因為有這樣的心理：「我們小時候的環境不好，現在經濟狀況許可，所以孩子需要什麼我都會滿足他。」因此，孩子若隨時都處在被照顧者的地位，他們將很少有機會去關心、照顧他人，甚至是很少能為別人著想。

所以，父母不僅沒必要總是擔心孩子受苦、受委屈，而且還應設法創造一些分享體驗、灌輸「我們要幫助有困難的人」的觀念給孩子，才能避免他們產生自私心理。例如，每到假日時，可帶孩子參加社會公益活動，培養孩子愛心，並體會社會各階層的辛勞。

此外，當孩子逛賣場想買比較貴的玩具時，不妨告訴他，錢是爸爸媽媽辛辛苦苦賺來的，不能隨便浪費，甚至可請孩子付出勞力來得到玩具，藉此體會父母的辛勞，並進一步形成凡事為他人設想與主動助人的意識。

德國音樂家貝多芬也說過：「把美德、善行傳給你的孩子們，而不是留下財富，只有這樣才能帶給他們幸福，這是我的經驗之談。」教育孩子惜福感恩，孩子才會懂得知足，並且也會願意對困難者伸出援手。

培養愛心從生活做起

故為人父母者，應協助子女注意周遭需要幫助的人，如無固定住處的家庭、獨居老人，甚至日常生活必須依靠救濟的人們，並積極讓孩子加入義工行列，以徹底落實行動。父母切勿以「孩子還小，無法幫忙」或「孩子只需專心讀書」為藉口，減少他們從事公益活動的理由。因為讓孩子擁有一顆柔軟的心，比只知道競爭卻沒有憐憫心，更具有價值及成功傾向。如孟加拉葛拉敏銀行創辦人穆罕默德·尤努斯（Muhammad Yunus），就是為了「無貧世界」而努力，打造了微額借貸以幫助貧困人民改善環境，因而獲得二〇〇六年的諾貝爾和平獎。

培養孩子愛心的具體方法，除了教導他們幫助弱勢，父母還可找自己認同的組織，如慈濟、法鼓山、紅十字會、國際志工協會等，帶著孩子去見習，讓他們學習服務無家可歸的朋友，餵食年老、殘障的長輩或是幫他們清理排泄物等。讓孩子們發現自己有能力帶給他們幸福，藉此懂得付出與感恩。

指導孩子盡力行善的觀念，可從日常生活中經常看到的榜樣為開端；意即當別人行善時，可提醒孩子如「鄰居阿姨真好，她每一次都將家裡的回收物資分類妥善，再送給慈濟」或「你看這位叔叔主動幫忙除草，我們應該幫幫他」，藉由不斷向孩子分享他人的善行，才能加深孩子對行善觀念。

若生活周遭無法找到合宜案例，也可藉由書裡的故事來傳遞觀念。甚至父母可問問孩子，對於故事裡的流浪小狗會有什麼感覺，或者故事中受到幫助的小女孩感受為何等。接著反問他，如果你是受惠者或施予者的角色，其感受會如何？再問孩子他會做何反應。透過討論，不僅幫助孩子了解他人的感受，還能有效建立推己及人，以落實善行的概念。

教養小貼示

樂於助人是一種高尚品質。然而，針對年幼的孩子來説，他們對此也許沒有明確的認識，但是他們其實都富有同情心，若父母能加以開發便能培養他們助人的精神。而父母可利用孩子原有的憐憫心，鼓勵孩子主動幫助他人，其可從以下幾點著手：

✔培養他們關心別人

例如當父母接送孩子從幼稚園回家後，可讓孩子去關心生病的奶奶好些了嗎？或者爸爸下班回家後，媽媽可請孩子去關心爸爸，並幫忙倒杯水；甚至，爸爸出門辦事時，媽媽可請孩子代說一句「路上開車要小心」。讓孩子從家人開始關心，他們才能主動關心別人。

✔從身邊小事做起

父母應給予孩子機會，讓他學習去幫助別人，培養對周圍人、事、物與情感等敏銳度，讓他能隨時感受到他人的困難與需要。例如姐姐或弟弟不舒服，甚至是小狗生病了，便讓他去照顧，使其從經驗的累積中了解「幫助」的意義與助人的滿足感。

而在幼稚園則應教育孩子關心、協助其他小朋友，若朋友摔倒則要主動扶起來，並加以安慰。而孩子也能在這些舉動中，體驗到幫助別人的快樂。又或者媽媽剝菜，爸爸可請孩子幫忙；爺爺臥病在床，媽媽可讓孩子倒水、送藥等。

✔啟發孩子的同情心

根據心理學家的觀察，孩子的行為絕大多數都是由感情衝動所引起的。因

此，父母想請孩子做某件事情時，最好從引起孩子情感共鳴開始，例如看到路旁老爺爺行走困難，可對孩子說「你看那位老爺爺走路多吃力呀！快去攙扶他」，這將會比「你應該幫助他」更能激發孩子的助人意願。

教養NG語句

1.「喲！你竟然也會做好事！」
2.「掃社區太浪費時間了，你還是專心念書！」
3.「別沒事找事做！」（看到有難者，依舊不理）

我們改寫了書的定義

董 事 長　王寶玲
總 經 理　兼　總編輯　歐綾纖
出版總監　王寶玲
印 製 者　紘億印刷公司

法人股東　華鴻創投、華利創投、和通國際、利通創投、創意創投、中國電視、中租迪和、仁寶電腦、台北富邦銀行、台灣工業銀行、國寶人壽、東元電機、凌陽科技(創投)、力麗集團、東捷資訊

◆台灣出版事業群　新北市中和區中山路2段366巷10號10樓
TEL：02-2248-7896
FAX：02-2248-7758

◆倉儲及物流中心　新北市中和區中山路2段366巷10號3樓
TEL：02-8245-8786
FAX：02-8245-8718

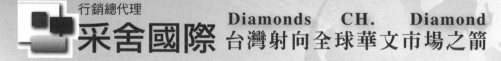

國家圖書館出版品預行編目資料

給刺蝟小皇帝的情緒管理課！啟發高EQ、思考力、獨立性的三合一登大人教養法 / 王擎天 著. -- 初版. -- 新北市 : 華文網, 2015.07　面；　公分

ISBN 978-986-271-611-3(平裝)

1. 親職教育　　2. 子女教育

528.2　　　　104008546

活泉書坊

給刺蝟小皇帝的情緒管理課！

啟發高EQ、思考力、獨立性的三合一登大人教養法

出 版 者 ■ 活泉書坊
編　　著 ■ 王擎天　　文字編輯 ■ 胡敘文
總 編 輯 ■ 歐綾纖　　美術設計 ■ 蔡億盈

郵撥帳號 ■ 50017206 采舍國際有限公司（郵撥購買，請另付一成郵資）
台灣出版中心 ■ 新北市中和區中山路2段366巷10號10樓
電　　話 ■ (02) 2248-7896　　傳　　真 ■ (02) 2248-7758
物流中心 ■ 新北市中和區中山路2段366巷10號3樓
電　　話 ■ (02) 8245-8786　　傳　　真 ■ (02) 8245-8718
I S B N ■ 978-986-271-611-3
出版日期 ■ 2015年7月

全球華文市場總代理／采舍國際
地　　址 ■ 新北市中和區中山路2段366巷10號3樓
電　　話 ■ (02) 8245-8786　　傳　　真 ■ (02) 8245-8718

新絲路網路書店
地　　址 ■ 新北市中和區中山路2段366巷10號10樓
網　　址 ■ www.silkbook.com
電　　話 ■ (02) 8245-9896　　傳　　真 ■ (02) 8245-8819

線上總代理 ■ 全球華文聯合出版平台
主題討論區 ■ http://www.silkbook.com/bookclub　● 新絲路讀書會
紙本書平台 ■ http://www.silkbook.com　● 新絲路網路書店
電子書下載 ■ http://www.book4u.com.tw　● 電子書中心（Acrobat Reader）

本書全程採減碳印製流程並使用優質中性紙（Acid & Alkali Free）最符環保需求。